ISABEL MIRANDA DE ROBLES

Cultivo una rosa blanca
en junio como en enero
para el amigo sincero
que me da su mano franca.

Y para el cruel que me arranca
el corazón con que vivo,
cardo ni ortiga cultivo;
cultivo una rosa blanca.

-José Martí

PRELUDIO PARA UN ALMA ENTERA

En el feliz reencuentro con Isabel en una patria, para mí prestada, y para ella, quizá adoptada, tuvimos una entrañable charla, tal como fue antaño, cuando con la autoridad que me daba mi posición de su maestra, me enternecía la desnudez de su alma de adolescente, al mostrarme el lirismo de sus escritos, desde entonces promisorios.

Hablamos de las mismas cosas con el tono de la misma melodía de dos corazones henchidos por la emoción temprana de ayeres dormidos por la distancia; sólo que ahora el ritmo fue reposado y tierno, maduro y prudente, como un platillo condimentado exquisita y delicadamente digerible. Las miradas tranquilas y transparentes, con la nitidez de las imágenes frente al espejo de un lago inyectado por la luz del mediodía.

En esas tranquilas aguas dimos un paseo entre frases inestrenadas de dos de sus libros que amablemente me obsequió: ***Si lees mis versos*** y ***Un alma entera.*** Sin más espera me sumergí en sus páginas y al sentir el regocijo del estreno, y el lago, antes reposado, acrecentó sus aguas, ahora con agitadas crestas de olas ***in crescendo,*** a medida que las conectaba con el ímpetu del mediodía de las confidencias de los sentimientos actuales de la autora. Pues el mediodía de cualquier persona intensa en el decir, es capaz de alzar una marea en el ánimo de quienes se hallan reflejados en el espejo de ***Un alma entera.***

El vigor de las palabras de Isabel desata las amarras de cualquier barca en aventura. Ahora las aguas se inquietan con las frases que conectan preciso con el corazón de sus lectores en ***Un alma entera.*** En ese silencio que grita y se agiganta en uno de sus poemas... es el mismo silencio en el que todo cabe. Prudente, aunque sentenciosa, se desborda en recomendaciones. Olvida que sus palabras nunca se quedan quietas ni silenciosas. Son siempre música de piano, de violín, de chelo... y del estruendo de las percusiones. En la orquestación de sus temas breves o largos participan todo los instrumentos.

Sus versos son lágrimas en el piano pulsado por los tintes de desamor y olvido: ...***Cuánto se ha ofendido el amor, cuánto se le ha golpeado, es apenas reconocible su rostro... y vuelven pasajera, con toda alevosía y premeditación la más sagrada y divina ilusión.*** Son risas matizadas en la flauta: ***...todo lo bello llega, pasa y se diluye, el acto de la belleza es breve; lo grande es el alma y la memoria que lo pequeño agranda, embellece y retiene.*** Hay murmullos en la gravedad del chelo, que a veces se queja sin protesta: ***A veces, sólo a veces... ¿Quién sufrirá tu ingratitud y tu deslealtad e intentará librarse de tu basura, después de haber curado tu cáncer emocional? Eres una bendición, sí, cuando te vas.*** Llanto derramado cual violín: ... ***herida que cierra sin haber sanado, más valiera que no cerrara.*** Sus palabras se muestras como carcajadas en las percusiones: ***Ámame... recibe mis caricias como se reciben los rayos del sol después de un día nublado... quiero ser tu amor eterno, desobedeciendo cualquier ley que diga lo contrario.*** Y así, en esta orquestación, disfrutamos del concierto polifónico y afinado del Alma entera.

La gente buena se busca en los ojos de los demás; pero en los ojos de Isabel se encuentran buenos y malos, porque en éstos anidan sentimientos igualmente humanos que se rediman en la cadencia de estos versos, desde la voz de la ***palabra curativa, sembradora de paz, de luz y de fe***, como expresa en el texto inicial de esta obra. Pero aún más cuando encuentras las ***Palabras perdidas,*** en la parte intermedia de este contenido. Ellas son monedas luminosas en el camino de los extraviados. Si eres uno de ellos, las recoges, las atesoras para gastarlas en cualquiera de los altibajos que se te presenten, pues lo mismo subes que bajas por el hilillo providencial de los adagios que las han arrojado por los caminos, tal como apreciamos en: 78 ***La única prisión sin reja que hay en el mundo es el amor.*** 236 ***Deberías poner de acuerdo a tu boca con tus manos y tus ojos***... 246 ***El tiempo nunca tiene prisa, él nunca envejece.*** 252 ***Si el mundo fuera ideal no tendríamos nada qué hacer en él***. Esta parte III de las ***Palabras perdidas*** son regalos de reflexión, unas veces moralizantes; otras, sentenciosos, y, hasta llegan a antojarse como puertas abiertas para anidar en el corazón de Isabel, donde cabemos todas las almas en busca de refugio. Y no sólo aquí, también en el resto de sus versos casi bíblicos, nos define y nos adentra en lo inmaterial. Desnuda su espíritu para dialogar sin ambages con el nuestro. Así, sin más protección que el velo de la etereidad, se transparenta, se muestra arriesgando su vulnerabilidad, para ser cuestionada por las perversas intenciones de quienes desglosan las palabras ajenas a su antojo, para retratar al autor en su intimidad. Como suele suceder con las obras líricas, pese a que los poetas recolectan decires y sentires, para convertirse en portavoz; y mucho de lo que expresan son coincidencias de la esencia humana.

Isabel entra y sale, se pasea y descansa en el lirismo de sus obras. A veces salta hecha añicos en una emoción palpitante. Pero luego se arremansa y se autoconstruye. Si se ve lastimada, sutura el alma con hilos de prudencia y comprensión. Las cicatrices de las emociones lastimeras, aunque parecen sanar desde dentro, en la sensibilidad de todo poeta, reaparecen una y otra vez en diversas páginas. El espíritu sensible parece borrar y reescribir sobre los borrones de toda experiencia humana. Por eso la escritora expresa que su alma siempre queda entera, aunque por los caminos vaya dejando trocitos que asoman por las rendijas de las cicatrices. Y qué bien por sus lectores, porque el día que Isabel reaparezca ante nuestros ojos completamente sana y con un alma muy, muy entera, sabremos que desanduvo los caminos del dolor y se ha quedado impasible por una sobredosis de lidocaína, que le clausuró las ventanas por las que adivinaba los clamores del mundo, de los que un poeta siempre se asume como portavoz.

Gracias, Isabel, por propiciar que tus palabras hablen por los que callan.

Con el cariño de siempre

Ma. de Jesús Esquivel Reyes

Lo poco o mucho que he leído, casi nada me ha costado. Asidua visitante de bibliotecas, bazares, libros prestados y ahora el divino internet: gratuito, infinito, sendero de literatura.

Por eso, jamás he esperado ganar dinero con mis libros; pero, eso no me detiene de seguirlos publicando.

Así como a mí me ha hecho tanto bien leer, aspiro a que alguien eventualmente pose sus ojos en alguna línea mía y encuentre alguna afinidad, consuelo, apoyo, qué sé yo, una idea nueva, una respuesta y continúe el ciclo perfecto: lectura, escritura.

Como busco desesperadamente el sol, su luz, su calor, así mismo busco palabras de paz, de alegría, de amor; en los libros, en la gente, en todos los sitios, para entibiarme el alma, la mente, el cuerpo y recargarme así de energías para sobrevivir. Pienso que a los demás les sucederá igual y por eso quiero heredar al mundo mis mejores momentos, mis mejores palabras, sembrar tinta de paz, de luz, de fe, de optimismo.

Creo firmemente en el lado curativo de las palabras, en su poder enaltecedor del espíritu, por eso, he tomado como vocación escribir y compartir, sin otro afán que no sea levantar el ánimo del que lee. Así pues, lucho por publicar, por llevar mi palabra a todos los medios posibles, porque es la casualidad la que nos lleva a abrir las páginas que más necesitamos, el azar el que nos pone delante de la palabra que cabe justo en nuestra herida, y logra llenar el vacío y cerrarla.

Aquel que lee sabe que hay palabras afortunadas que parecieran la respuesta buscada. Por eso, seguiré abriendo medios, puertas, caminos para publicar, y hacerle llegar a alguien, a quien sea, la certeza de que no hay dolor que no se supere, que siempre hay una salida, que de la nada se construyen los nuevos mundos y que no importa en cuantos pedazos se nos haya roto el alma, siempre podremos recomponerla y volver a ser UN ALMA ENTERA.

-ISABEL MIRANDA DE ROBLES

UN ALMA ENTERA

La vida, el dolor,
quien sea,
me puede desarmar,
no lo puedo evitar;
pero que me vea
por mucho tiempo en pedazos
eso no lo va a lograr;
reconozco bien mis piezas,
y una a una
las vuelvo a armar
hasta ser de nuevo lo que soy:
Un alma entera.

YO SIGO BRILLANDO IGUAL

Por más fuerte que te creas,
en algún momento
te habrás de quebrar
y por esa hendidura
lo mismo me da salir que entrar.

Sigues girando alrededor mío,
sigues siendo la tierra
y yo el sol,
eres tú quien sufre los cambios,
yo sigo brillando igual.

AGOSTO 9 13

LA REINA SOY YO

Recuerda que aquí
la reina soy yo,
y tengo el poder,
de hacer rey,
al que viva conmigo.

Que no se te olvide,
que este trono es mío,
y aquí sube o baja
solo quien yo digo.

Nadie me da órdenes
ni me dice qué hacer
porque para mandar he nacido.

Si tú te vas,
otro esclavo ya vendrá;
pero a esta reina,
no la sustituye nadie, jamás.

CORAZÓN COLIBRÍ

A nadie culpo de los crímenes
que se han cometido
en contra de mi corazón.
No acuso a nadie
de no poder amarme
ni levanto cargos contra aquellos
que me mintieron.
Es mi culpa
por tener un corazón tan firme:
Sobreviviente feliz
de tantos desastres sentimentales.
No condeno a ningún débil
ni a ninguna víctima
de haber succionado mi paz
y mi energía, para luego irse sin más.
Ser útil en la forma que sea
justifica una existencia.
Todos somos parte de una cadena
de sobrevivencia
y a mí me gusta ser ave,
así sea la más pequeña;
mientras mis alas me basten
para sobrevolar las flores
y alimentarme de mieles.
¿Para qué quiero ser grande y negra
y alimentarme de carroña?

EL AMOR...

El amor es la única moneda
que nunca pierde su valor,
el único idioma
que no requiere traducción,
semilla que florece en toda estación,
contrato sin firmas, sin condiciones,
(que, de eso,
poco entiende el corazón)

Amor es donación,
dar, como quien deja
un paquete a las puertas
de una beneficente institución
sin preguntarse a dónde
o a quién irá a parar.
Como firmar un cheque en blanco
sin preguntarnos
quién lo habrá de cobrar;
pero preocuparnos siempre
de que haya fondos.
Dar, dar y nada más...

AMOR MÍO...

Yo ya te conocía,
lo sé,
nos presentaron los aires
o las rosas
o quizá fue
la última estrella
en apagarse
aquella noche...

Quiso asegurarse
que su brillo
hubiese quedado prendido
en nuestros corazones
para todas nuestras vidas,
en todas nuestras memorias...

POR AMOR A TI...

No te prometo
que nunca me tumbe la vida;
pero si te doy mi palabra,
que, por amor a ti,
habré de levantarme.

En el aire eres mis alas
y en el mar mis remos,
contigo estoy aquí y allá
y en todas partes.

LLÉVAME AL MAR...

Llévame al mar,
escríbeme un verso tuyo
en la arena
y deja que una ola se lo lleve
a su más profunda entraña...

A cambio te devolverá
una caricia de eternidad.
¿Sabes tú, que los poetas
y sus musas,
no mueren jamás?

INDOMABLE, COMO TU PELO...

Este amor nuestro
es un amor hecho a mano.
Nuestros besos saben
como el pan horneado en casa:
a alimento del alma...
Este estar siempre
el uno para el otro,
sin dudar,
sin titubeo;
tibio como el café,
necesario como la fe;
armado, como la paz,
de todas las buenas razones
de la libertad...
Involuntario como el suspiro
y el recuerdo.
Indomable, como tu pelo...

LOS MILAGROS QUE UNA HACE

No llegaste a mí,
yo te traje,
mira los milagros
que una hace:
tú que ya eras feliz,
ahora eres más feliz,
yo que le sonreía a la vida,
ahora la vida me sonríe a mí.

POEMA DE MI VIDA

Posa para mí,
quédate así,
no te muevas,
pintemos
un minuto de eternidad:
poema de mi vida...

ETERNO SERÁ MI AMOR POR TI...

Eterno será mi amor por ti,
morirá conmigo;
mas, si el tuyo por mí,
antes del fin de mi vida,
muriese por su propia voluntad,
no te lloraré de dolor,
si antes,
me has hecho llorar
de felicidad.
Pondré tus recuerdos
en una cajita de madera,
que yo misma tallaré,
le pondré un moñito
de gracias y sonrisas
y luego la tiraré al mar,
en medio de un concierto
de buenos recuerdos...

OJALÁ ...

Ojalá la suerte,
Dios o el destino,
o a quien tú te encomiendes,
te escuche,
y te conceda la paz
que has perdido.
No me gusta saberte
en soledad,
sin amor, sin triunfo.
Una luz como la tuya
no merece apagarse nunca.

NUEVAMENTE ESTOY DE PIE

Te devuelvo los desiertos,
por los que vagué , perdida,
buscando tus recuerdos...

Aquí tienes los vientos,
que, a fuerza,
entre mis manos,
quise retener.

Devuelvo a las aves,
sus alas que pedí prestadas,
y a los árboles,
todas sus hojas vuelvo a coser...

Cordura recuperada:
Nuevamente estoy de pie.

QUE NO SOY EL AMOR DE TU VIDA...

Que no soy el amor de tu vida,
ya lo sé, no se me olvida.
Y si amor no fue
lo que sentiste,
dime entonces,
¿con qué fuego encendiste
las caricias que me hiciste?

¿Y por qué,
si yo busco la salida,
tú no me dejas ir?

¿Qué nombre lleva tu juego?
¿Cómo le llamas tú,
a hacer que te quieran,
y tirar a la basura el amor luego?

AMARTE ERA INEVITABLE...

Yo nunca te quise
solo por quererte,
yo siempre supe
porqué te quería.

Aunque a veces
el amor es inexplicable,
el mío, por ti, siempre supe
que sería un fracaso.

No hubo sorpresa
en el dolor que me prodigaste.
Simplemente me dispuse
a sentirlo y superarlo,
porque amarte, era inevitable.

LAS SEÑALES DEL DESAMOR...

Soy de las que aceptan el amor
solo si es completo, libre, entero...

No lo ruego, no lo mendigo,
capto las primeras señales del desamor
y me hago a un lado para que pase,
no estorbo su camino.

Al contrario, le abro la puerta
de par en par,
para que no tenga que inventar
nada innecesario,
para que haya una despedida
y no, una huida...

EL AMOR NO RETOÑA...

Todo lo que tú tiraste,
yo lo guardo.
Donde tú claudicaste,
yo sigo luchando.
Lo que tú olvidaste,
yo lo sigo recordando...

No pido que vuelvas tu mirada
a nada
y menos hacia mí:
no se olvida ni se deja lo amado...
Nada más inútil que un ruego
y por eso he callado.

Una herida puede cerrar
y aun así seguir sangrando;
pero al amor que ha muerto
no hay nada que lo reviva.

Ojalá el amor fuera
como el bendito hígado
o las nobles rosas,
que quedando vivo
el más pequeño brote,
vuelven a florecer;
pero el amor no es así:
El amor no retoña.

ÁMAME...

Ámame como si me hubieras perdido
y recuperado.
Dame uno de esos besos que se dan
después de haber sido perdonado.

Recibe mis caricias
como se reciben los rayos del sol
después de un día nublado.

Déjame entrar en tu alma,
como se recibe el aire fresco,
en un día sofocado.

Quiero ser tu amor eterno
desobedeciendo cualquier ley
que diga lo contrario...

ERES...

Eres la palabra, paz,
que faltaba en el crucigrama
de mi vida.

La respuesta correcta
a la pregunta mal formulada.

La última pieza
del rompecabezas
que ya había renunciado a terminar.

Contigo me siento completa
y a la vez
a punto de empezar...

LA MALDAD

En un curso intensivo con el diablo
aprendí más
que en una larga vida de bondad.
Ahora entiendo porqué,
en la humanidad
no se destierra nunca la maldad:
es un camino corto
para aprender a sostenerte
donde no hay puntos de apoyo;
pero, después de esa etapa
ni saltar al vacío te asustará
y en ese momento
verás abrirse el paracaídas,
que tus ángeles guardianes, silenciosamente,
habían preparado para ti.

4 12 13

NO OBSTANTE

No obstante la indiferencia,
yo sonrío.
No obstante el desatino,
yo confío.
No obstante el desaliento,
yo avanzo.
No obstante las traiciones,
ni hiero, ni maldigo.
No voy a la defensiva por la vida,
ni creo que nadie me deba nada
y a pesar de todo, y no obstante,
yo respondo limpiamente al optimismo.

AGOSTO 13 /13

NO RENIEGO...

No reniego
de una sola de mis penas,
ni uno solo de mis dolores
de mi historia, yo removiera,
aun si pudiera.
Como hace falta que entre
cada clavo en la madera,
como cada golpe en ella
es necesario
para juntos formar la silla,
la mesa, la cama, la casa,
y sostengan el peso
del alimento, del descanso,
del sueño, de la existencia;
asi el alma y los pesares diarios...
Nada son, clavos y madera
por separado,
nada es alma y dolor
cada cual por su lado.

SI ME SIENTO TRISTE

Si me siento triste
busco a la amiga
que más me hace reir,
a la que, hasta la guerra,
le parece un chiste;
la que todos los problemas
los dimensiona de una manera
que parecen hormigas
obstinadas en subírsele por el pie,
ella las deja creer
que le habrán de llegar al corazón,
y se divierte en su empeño,
luego se sacude, se sonríe
y el sufrir es algo tan pequeño...

SÉ DE LO QUE ENVIDIAS...

Sé de lo que envidias
porque casi siempre
hablas mal de ello.
Sé cómo quién quisieras ser
porque casi siempre lo criticas.
Sé el lugar que deseas ocupar
porque quien lo ocupa,
para ti, nada hace bien.

Sé que no hay paz en tu corazón
porque defiendes lo que predicas
atacando a quien no cree
lo mismo que tú.
Sé que de nada te sirvió un afecto
porque cuando sale de tu vida
dices siempre que eso fue lo mejor.

Sé de la estrechez de tu pensamiento
por lo que juzgas.
Sé hasta dónde eres confiable
por las cosas que de otros me cuentas.

Para mostrarme tu lealtad
no necesitas traicionar a nadie más,
porque sé que un día,
la traicionada seré yo.

EN EL SILENCIO CABE TODO...

Regálate todas tus lágrimas
cada grito de rabia, de coraje,
cada impulso de venganza
cada palabra que como cuchillo
tus entrañas raje.

A solas, grita,
en el vacío de la soledad nadie oye,
en la inmensidad del silencio todo cabe.
El odio arrójalo a la nada
todo el resentimiento que te hayan dejado
entiérralo
y lo que enterrado no quede,
permite que el aire se lo lleve.

Mas, no dejes
que los vientos se envenenen,
porque tienes
que seguirlos respirando.

Trágate todo tu dolor,
que sea solo tuyo,
tú ya sabes que se sobrevive,
¿qué ganas repartiéndolo?
solo darle vida
a nuevos pequeños monstruos
y cada que tú sientas

que al fin han muerto
y descansan en paz
ellos y tú,
alguien los resucita
y los alimenta
y eso es lo último que necesitas.

Hazte nudo, llora,
todo lo que quieras,
quédate a solas con tus pensamientos,
deja que te acuchillen
que te desangren
para que luego puedas
tu vida retomar
con sangre nueva,
nadie, sino tú,
sabes cuál es el tipo de sangre
que llevas,
que la transfusión sea
directamente de tus venas
a tus venas.

No admitas sangres ajenas,
que pueden ser más los virus
que te deje que los que se lleve.
Solo tú sabes
a qué ritmo y a qué temperatura
te gusta sentirla correr,
solo espera paciente

a que retome su cauce...
Miéntete cuanto sea necesario,
miénteles a los demás;
algo de bueno tienes las mentiras
y si dices estoy bien
¿qué daño vas a hacer mintiendo
de esa manera?
Ninguno.
Al contrario, mientras más lo repitas,
más pronto terminarán,
tu mente, tu cuerpo y tu espíritu,
por convencerse de que es cierto.

No culpes a nadie si no te atiende,
cada quien tiene más problemas,
de los que puede resolver.

Tócate la llaga:
aprendiendo a soportar el dolor
habrás de conocer la fuerza
del autodominio.

Ya que salgas de todo,
porque saldrás,
serás más feliz que nadie.
Sorprende al mundo
con tu risa,
eso es lo que buscan,
lo que quieren:

entonces no tendrán
ningún problema en quererte.
Verás que entonces todos se te arriman,
a las lágrimas todos les huyen.
No agobies a nadie con tus penas
que no seas tú mismo,
la cura está en el desahogo, es verdad,
entonces ábrete a ti,
sé orador y sé público
cuéntate todo lo que necesitas contar,
mejor que tú, nadie sabrá entenderte.
no te perderás en explicaciones
para los oídos desatentos,
todo mundo cree que mientras uno habla
ellos pueden pensar en otra cosa:
para hablarle al viento
no necesitas testigos.
Todos tenemos códigos distintos
de interpretación;
pero tú sabes la historia
de punto a coma:
Y salvando que te quieras engañar,
la verdad, nunca escapa tan lejos
que no te la puedas contar en voz alta;
por más dolorosa que sea,
una vez que la escuches y la aceptes,
ya no podrá volverte a dañar.
Escribe, escribe,
no hay mejor escucha que un papel,

ni mejor cómplice que una pluma.
Releete cada vez que quieras
para que te des el gusto de ver,
como un dolor se supera,
como va decreciendo la pena,
como despacio, aparece la cura;
y los mares del pensamiento,
poco a poco, calman su furia
mientras los ríos del alma
les van trayendo aguas nuevas,
y en una noche cualquiera,
en el fondo de ellas,
apreciarás, otra vez,
la luz clara de la luna.
La blanca luz de tu alma,
hecha sonrisa.

Calla, por suerte,
en el silencio cabe todo...

ECHA RAÍCES EN LAS VIDAS QUE TOCAS

Vales por el amor que inspiras,
por los sueños
que en otros prendes,
por la gente
que estimulas a luchar,
por los miedos que disipas
en los demás,
por los verbos que conjugas
en favor de la paz:
Ya pasará , todo estará bien,
tú puedes, creo en ti.
Es tan poca la tierra
que una semilla necesita
para echar raíz...

LAS VERDES VEREDAS...

A pie recorrí
los más bellos caminos,
descalza anduve
por las verdes veredas del mundo:
libros de texto gratuitos
que escribe el tiempo
y que enseñan todo,
menos el débil olvido...
No recuerdo luz más bella
que la del rayo partiendo en dos el cielo
ni tibieza más sagrada
que la de la leche espumada;
bendición más cierta
que la lluvia que sorprende
en el barbecho,
ni hambre ni sed más sabrosa
que la que sacié bajo la sombra
de un huizache,
a un lado del arado y de la siembra...

NUNCA NIEGUES TU DOLOR

Nunca niegues tu dolor,
porque tu alma y tu cuerpo
saben que está ahí, que es cierto,
y al no aceptarlo, no podrán combatirlo.
Sin tu consentimiento
la batalla será mucho más larga
y más dura.
Necesitas aceptarlo
y abrirle una puerta para que salga,
sean lágrimas o palabras,
el desahogo es la natural salida
para las penas y el dolor.
A solas o frente a ese ser,
que más creas tú que te ama,
alíviate, solloza, grita,
desanuda tu alma,
para que, poco a poco,
el pensamiento y el cuerpo
recuperen la calma;
de otro modo
resultarán enfermedades y rencores,
que no necesitas,
encima de los que ya sufres y padeces.
Permite que alguien
o tú mismo, te salve,
de la pesada carga de no aceptar
lo que te duele.

No te escondas de ti,
no te niegues tu pena,
es una condena amarga, pero, pasajera.
No dejes que sea superior a ti,
no eres menos ni más pequeña
Porque un golpe de la vida
te derriba.
El hijo de Dios
terminó crucificado
y no fue por falta de grandeza.
La maldad existe,
y con todos es pareja;
la manera de vencerla
no es evitarla, sino superarla:
Darle la cara,
no le hace que estemos en carne viva,
volverás a sonreir, no tengas duda;
pero antes,
deja que corra cada una de tus lágrimas,
por sobre tus heridas,
que no quede ninguna dentro,
que sean el bálsamo,
que sane y cicatrice tu interior;
porque ellas tienen esa fuerza bendita
que eres tú misma.
El orgullo debe servirnos
para ayudar a levantarnos,
a ponernos de pie,
no para evitar que reconozcamos

que hemos caído.
Solo cuando hemos tocado fondo
podemos poner pie en tierra,
para apoyarnos.
Mientras estamos en el aire,
evitando la caída,
no hay manera de sostenernos.
De vez en cuando,
debemos dar alguna guerra por perdida:
No hay triunfo que valga
si hemos de desangrarnos
hasta quedar sin vida.
Deja que tu ser se deslinde,
por un rato,
de todo lo impuesto y lo aprendido;
de todas esas defensas mentales,
que las más de las veces impiden
reconvertir en un triunfo,
una perdida.
Difícil es reconocer el beneficio
de una derrota;
pero a menudo
por no soltar algo
que ya no tiene valor alguno
dejamos ir lo que bien podría
cambiarnos el futuro.
Las grandes respuestas
y las sabias acciones
no son producto

de un arrebatado pensar
sino de un largo debatir
con nosotros mismos.
De un aceptar de nuestro dolor
y renunciar a creer
que habríamos de sanarlo
porque cobremos al que confiere
la herida.
Hay que soltar al mundo
y dejarlo que siga rodando
con todas sus complejidades
e imperfecciones
y ocuparnos solo de juntar
nuestras piezas,
de volver a unirlas
y empezar de nuevo.
Aceptado nuestro dolor,
diagnosticarlo
como una gripa del alma,
que nos postra e imposibilita;
pero no mata
y que aun curada una vez
cualquier día puede volver,
porque las tormentas de la vida
no están pronosticadas
y nos suelen sorprender
sin paraguas ni impermeables
que nos eviten mojarnos de ese dolor
que despierta al virus cruel

de la tristeza profunda,
que nos confunde
y ennegrece momentáneamente
la razón de vivir.
Solo hay que estar conscientes
de que ese es el natural correr
de la existencia
y mirar hacia atrás
cuántas veces te has levantado
y empezado otra vez
y mirar hacia adelante y pensar
que un día te detendrás
y esto que hoy crees que no superarás,
ya será historia.
Busca todas las ayudas posibles,
todas las puertas de salida
que creas que necesites,
pero recuerda que, la definitiva,
eres tú misma,
y entonces podrás respirar, libre.

Sep 22/2013

TE BRINDO LA PRÓXIMA REVOLUCIÓN

Te brindo la próxima revolución:
voy a luchar por devolverle,
a todo el mundo ,
su más querida ilusión...

Quiero desarmar
a todo corazón que lleve un odio,
y restituirle a todas las manos
las caricias perdidas.

Juntar en un montón
todos los miedos de amor
y prenderles fuego,
y comenzar de nuevo,
como si nunca nadie
cometió un error.

Te dedico la próxima revolución,
voy a luchar por derrumbar
todos los complejos,
y darle a cada quien
su derecho a ser feliz,
justo como se mira en el espejo.
Derrocaré el gobierno
de las apariencias
y voy a instituir la ley
de decir lo que piensas.

Echaré en una hoguera
todos los malos pensamientos,
para dar lugar
a que florezcan las cosas buenas.

En algún lugar
deben estar presos,
los besos y los sueños
que no se han podido dar,
yo los voy a liberar
para que vuelvan a sus dueños..

Te brindo la próxima revolución...

LA BELLEZA DE LO EFÍMERO

¿Por qué nos sorprende tanto
que el amor
no se quede para siempre?
¿Qué, vive para siempre?
¿Qué ser vivo no muere?
¿Qué arcoíris se eterniza
en el cielo?

Todo lo bello, llega,
pasa y se diluye,
el acto de la belleza es breve;
lo grande es el alma y la memoria
que lo pequeño agranda,
embellece y retiene.

INVOLUCIÓN

Por más lejos
que llegues en la vida,
por más alto que subas la colina,
por más aplausos y triunfos
que llegues a acumular,
hubo un principio,
un punto de partida
y ahí está todavía,
tu verdadero yo,
tu más grande encanto;
con el que conquistaste
todo lo que tienes,
nunca olvides extrañarte
y visitarte.
De vez en cuando es necesario
un poco de involución,
para recuperar la emoción de soñar, luchar,
crear...

EL LÍDER

El líder,
no siempre es
el que más sabe o puede,
simplemente es el más valiente.
El que no le importa,
y si le importa,
lo sabe superar,
que los demás lo critiquen.
Porque a aquellos que carecen
de iniciativa para crear
siempre les sobra para derribar.

JUNIO 15 13

LA INVISIBILIDAD DE LA VIRTUD

Eso que ya ni notas en tu vida,
será justo lo que más echarás en falta ,
el día que ya no lo tengas.

Porque es tan tuyo,
como lo es,
cualquier parte de tu cuerpo
y hasta olvidas que lo llevas,
como tus manos, como tus dedos;
pero la más leve cortadura en ellos
te hace recordar tu sensibilidad
y lo vivo que estás.

Igual esa ausencia te despertará el dolor
y el sentimiento de pertenencia.
Y habrás de recordar lo fiel,
lo leal que te era
que ya ni siquiera
notabas su presencia.

Primer día de junio de 2013

SI SE PUDIERA IMPROVISAR EL FINAL

Cuántos finales
que en los ensayos nos salen perfectos.
Luego viene la puesta en escena
y se nos caen las rosas de las manos.

Si la vida fuera un monólogo
todo fuera tan sencillo,
es el diálogo que todo complica;
porque yo tengo todo preparado
y el otro todo lo improvisa...

9 1 13

INCONCLUSIDADES

Los que se van
debiendo una noche,
una unión de manos
y una promesa en los labios...
No los alcanza la muerte...

Laten en versos,
en mármoles, en oleos,
en canciones,
son los aullidos
de un corazón en celo
en una madrugada de eternidad
y luna llena...

CONSTRUYE UN REFUGIO

Construye un refugio
para alguien que quieras,
y muéstraselo.
Dile, que ahí puede esperar
a que pase la tormenta más fuerte
de la vida.
Y aun cuando en ese momento,
quizá esté pasando
por la etapa más feliz
de su existencia,
un día vendrá a ocuparlo...

Nadie más indefenso que aquel
que es preso de una inmensa dicha.
Y siempre es bueno saber
que hay alguien que aun en tu felicidad
no se olvida de ti.
Y que hay un sitio
donde guarecer el corazón.

7 7 13

NUNCA DESCENDERÉ

Te amo
hasta al punto
de ponerme a tus pies;
pero nunca así me has de ver,
porque si no, no me podrías querer.

Uno ama lo que engrandece,
lo que admira, lo que conquista
y nunca del todo, puede tener.

Me esclaviza tu mirada,
y tienes en mí, tanto poder;
pero aunque incondicional
y sin reservas a tu lado siempre estaré,
nunca, de la altura,
en la que me has puesto,
descenderé.

LA TERCERA IMPRESIÓN

Yo nunca he tenido miedo
a que no me quieran.
Me arrimo a quien me gusta
sin temor en mi alma
ni en mi voz, a investigar
si esa primera impresión,
pudiera pasar a una segunda,
en una conversación,
y si logra permanecer
más allá de una tercera;
ya no hay duda: me entró al corazón.

A VECES, SOLO A VECES...

A veces, solo a veces,
me pregunto: ¿a dónde andarás?
¿A quién le harás la vida imposible,
como antes me la hacías a mí?
¿A quién intentarás reducir
con tu inseguridad,
a quién rebajarás con tu envidia,
ante quién, con tu sonrisa,
disimularás, tu ser antisocial?
¿A quién le cobrarás tu infelicidad,
intentando deshacer su estabilidad?
¿Ante quien encubrirás tu imposibilidad
para establecer una relación
haciéndote pasar por víctima
de la humanidad?
¿Quién sufrirá tu ingratitud
y tu deslealtad,
e intentará librarse de tu basura
después de haber renunciado a curar
tu cáncer emocional?
Eres una bendición, sí; cuando te vas...

QUE ME ENSEÑE...

Que me enseñe
quien ha amado
y ha sufrido,
que me levante
quien ha tocado fondo
y resurgido;
que no me venga a hablar
de desapegos indolorosos
aquel que no ha visto
un amanecer llorando.
Que me consuele aquel
que, sin ofensas ni agravios,
agradece lo bueno
y perdona lo malo...

EL SUPREMO FAVOR DE LA VIDA

Vivir es fácil sin ti,
para nada me haces falta,
respiro igual,
todos mis sentidos trabajan,
como supongo trabajan los tuyos.

Todo lo que dicen los poetas
y las canciones
de que la vida se acaba
si se va quien amas, es mentira;
pero es raro el mundo
en blanco y negro,
ha perdido su sabor la comida,
es alimento y nada más...

Suficiente para mantenerte de pie,
supongo,
lo demás me lo traerá el tiempo;
hasta llegar
al supremo favor de la vida:
el olvido,
o lo que es mejor,
recordar sin dolor;
pero, no me ha sido concedido
todavía.

HOJAS CAÍDAS...

Hazme el favor de nunca decir
que me echas de menos,
ni agradecer ante extraños
las cosas que hice por ti...

Lo que reímos,
lo que cantamos,
son hojas caídas
de un árbol
que no habrá de retoñar jamás,
al menos, ya no en mi jardín...

ORGULLO PREMEDITADO

Quiero encontrarme contigo,
quiero deberle a la vida
ese despreciable favor.

Que la casualidad sea culpable
de un nuevo ataque inesperado
a mi corazón.

Que la imperdonable dicha
de un beso que no debe ser,
me queme los labios
para no morir de orgullo premeditado.

NO ERA PARA MÍ

No, no me arrepiento
de nada que perdí,
si no supe apreciarlo o retenerlo
es que no era para mí.

No, nunca he sido presa de celos
lo que den a otros no es mío,
a cada quien se le da
lo que para él se tiene
y nada más.

CÁRCELES

Hay cárceles
a las que, por voluntad propia entras,
te enjuicias y te condenas.

Nadie cuida las puertas,
eres tú quien las cierra.
Los celos, el odio, la envidia,
son algunas de ellas...

Todos salen, se te alejan,
solo tú te quedas,
juez y verdugo,
entre tus propias rejas...

LA CASA DE TODOS LOS DIOSES

Elevé al cielo mis oraciones,
la casa de todos los dioses,
y me oyeron...

Yo vi rasgarse las nubes
y en cada gotita de agua,
multiplicarse el sol en soles,
hasta que la tormenta se secó
y mis angustias,
se volvieron flores...

LA AMNESIA DEL ALMA

Bendito el indestructible amor
que nos concede la memoria,
el que el recuerdo forja,
puro y perfecto…

Inmortal como la roca,
protegido y sin defecto
por esa amnesia del alma,
que consciente y purifica,
todo lo que ya no toca…

BANDERA DE AMOR

Un día, en alguna tierra del mundo,
clavaré una bandera
con tu nombre y el mío,
y cantaré canciones
que solo nos sabemos tú y yo...

Porque tú eres como yo,
porque yo soy como tú;
como la palabra miedo,
gente o soledad,
que desaparecen
apenas llega un alguien,
un alguien y nadie más...

INOLVIDABLE GRAN SEÑORA...

Qué destino tan cobarde
para una mujer tan valiente,
por más que quiso derrumbarte
nunca pudo,
y jugó la carta irremediablemente más fuerte:
la muerte...

Y aun a ella te fuiste sonriente,
a minutos estabas del último adios
y nos dejaste la imagen
de cómo querías ser recordada.

Bordaste la imagen de la nueva
INOLVIDABLE GRAN SEÑORA,
altiva ante los desaires de la vida,
nunca te agachaste ante nada,
te sobraban ovarios para dar la cara,
eras mucha dama
pa' que las traiciones te tumbaran.

Nunca dejaste
que la corriente te arrastrara,
de tu publico te sujetabas,
tu alma hecha jirones
por tu voz les entregabas
y ellos te acariciaban con aplausos
y te la devolvían sanada,

entera y bendecida,
y así te reconocías...
Eras con Dios
y con la vida, agradecida.

Reclamó tus restos,
el viento, las alturas,
porque no hay tumba
para una mujer de tu estatura.
Las olas de tu Playa Larga
se han quedado quietas,
han guardado ese silencio del luto
y de la espera...
Despertémoslas,
nos las dejemos dormir,
cantemos todos por ella,
como ella cantó por todos nosotros:
¡Qué viva siempre
LA DIVA, JENNI RIVERA!

(MI HUMILDE TRIBUTO
A LA DIVA DE LA BANDA JENNI
RIVERA)

AMIGOS VIRTUALES

No solo la presencia física
es compañía,
no siempre están cerca de ti
los que están al lado tuyo.

A veces una conversación
con alguien que ni conoces
te aclara un día oscuro.
Si no tuviera sentido
o no sirviera de algo
tener amigos virtuales,
las redes sociales no hubiesen crecido.

Quizá lo que dura una canción
o leer una frase o un poema
o un simple: "me gusta",
fue la sonrisa que nos salva,
de ser un desconocido.

Como el artista que es amado
y vive en el hogar y en el corazón
de tantos
por su música, su pluma o su pincel,
y quizás en su casa
no tienen el gusto de saber
que conviven con un ser especial.

Nada, nunca, reemplazará
el contacto físico,
para qué perder tiempo discutiéndolo;
pero el acercamiento del ser humano
ha abierto nuevos caminos, nuevas vías
y en el pensamiento y el cariño
no hay fronteras.

Eres mi amig@ y te respeto,
así estés al alcance de mi abrazo
o así solo te pueda ver
con los ojos del corazón.

LIBÉRAME, SEÑOR...

Libérame, señor,
del veneno de los amargados,
de la indiferencia
de los desenamorados de la vida.
Aléjame, Señor,
del coraje de los acomplejados,
y los resentidos
porque se creen con derecho
de lastimar y abrir heridas
en los demás,
asi sean aquellos
que más los quieren y cuidan.

Hazme invisible, Señor, a los ojos
del que cree real lo que imagina,
salva mi alma de papel de caer,
en el infierno de su pensamiento.

Que me salgan alas, Señor,
para volar lejos
de las aves de rapiña,
esas que gozan
destrozando sueños ajenos.
esas que se alimentan
de las entrañas
de los seres más buenos.

Dame, Señor,
la resignación necesaria
para aceptar,
que a una mente enferma
no la cura ni el amor
ni la mejor intención.

No me dejes creerme, Señor,
el papel de redentor,
que el que se alimenta de venenos,
es feliz así.
¿Quién soy yo,
para cerrarle los veneros
por donde brota el vinagre
del que se alimenta y goza?

MI ORACIÓN

Costumbre,
no me arranques nunca
el gozo de mis manos
ni de mis ojos.
Rutina,
no me despojes
de la felicidad de mis sentidos.
Hábito, no me rondes;
realidad, ignórame;
perfección, aléjate;
asombro, acompáñame;
sueños, esperanza, fe,
optimismo: protéjanme …

DE PIEDRA Y PAN

Un poco de pan
y un poco de piedra
que sea mi corazón.

De pan,
para que me duela
el dolor de los demás.

De piedra
para que resista
toda pena
que me prodiguen los demás.

EL ROSTRO DEL AMOR...

Cuánto se ha ofendido al amor,
cuánto se le ha golpeado,
es apenas reconocible su rostro;
como a Dios,
que todo lo puede
menos defenderse,
no mete las manos,
no alza la voz,
mientras le crucifican,
le ofenden, se divierten,
y vuelven pasajera,
con toda alevosía y premeditación,
la más sagrada y divina ilusión...

AL CORAZÓN DE ENFRENTE...

Es primordial cerrar la grieta
entre los demás y uno mismo,
y convertirnos, todos,
en lo más importante
para cada uno y los demás;
que lo que me duela a mí
le duela al de a lado
y al corazón de enfrente
y así sucesivamente,
hasta que alguien cuando ría
tome aire de mis pulmones,
si lo necesita...

TRIUNFADORA

He triunfado en la vida, lo sé,
porque nunca he odiado a nadie.
Jamás me consideré enemiga
de persona alguna
y mi memoria no me dice
que la envidia
me hiciera presa suya
en ninguna etapa de mi vida.

Si me han odiado a mí,
ha sido de forma gratuita,
y de esos odios,
nadie se salva.

Si alguien se ha manifestado
como mi enemigo,
confieso que mis méritos para lograrlo
han sido totalmente involuntarios.

Soy triunfadora, lo sé
porque puedo ver el bien
sin ignorar el mal,
porque perdono,
con toda alevosía y ventaja,
para procurar la paz a mi favor,
porque sé que el único veneno que mata,
se cocina dentro, no viene de afuera.

Infértil tierra soy para las venganzas,
no me gusta ser combustible de querellas,
y mucho menos aire propaga fuegos.

He triunfado en la vida, lo sé,
porque después de cada lágrima
siempre retorna mi sonrisa...

Primer día de marzo del 2013
Baldwin Park, Ca. USA

DOLOR: TRAICIONERO USURERO

Nunca dejes tu alma
hecha girones
en ningún lugar del tiempo,
nunca pospongas
para después
su sanación.
No te inventes la fuerza
que no tienes
ni pidas prestado
lo que no podrás pagar;
afronta lo que tengas que afrontar,
di lo que tengas que decir,
en su momento;
porque el dolor es el más traicionero
de los usureros
y suele cobrar los más altos
e injustos intereses
justo el día inadecuado.
Herida que cierra,
sin haber sanado,
más valiera que no cerrara.

Nov 14/13

SEAMOS FUERTES

No, la vida no es perra,
somos nosotros
unos pobres gatos
y ratones asustados
que se dejan
perseguir por ella.

No, nadie es injusto,
somos nosotros
fáciles victimas del abuso
porque no oponemos resistencia.

Seamos fuertes,
la vida no quiere,
no necesita,
a los débiles.

No seamos
de los que bajan la mirada,
de los que se asustan
ante los gritos del mundo.

DIFIERO

Que el amor duele: Difiero.
Que no hay amigos: Difiero.
Que los sueños no se realizan: Difiero.
Que el dinero lo compra todo: Difiero.
Difiero con todo lo que no me permita
ofrecer mi corazón entero.

Junio 1 13

QUE SE CALLE MI PALABRA...

Me opongo a que la experiencia
me haga prudente y sabia,
me opongo a que me detenga de probar
el vino del error que embriaga...

Que mi edad no me limite,
que no salga de mi boca el consejo
que evite, a nadie, nada.

Que se calle mi palabra, si ésta
fuera llave que cierra jaulas.
Yo quiero que sea para abrir puertas,
para romper cadenas,
para liberar corazones en bandadas,
que sea aire que impulse almas
a explorar cielos nuevos, ajenos, lejanos,
y que remen contra la corriente
si hiciera falta...

SEP/2014

DICHOSO AQUEL...

Dichoso aquel
que sabe dar fortaleza
a los demás
aun llevando
una espina en el corazón,
que pisa fuerte y decidido
aun con la piedrita en el zapato,
que sabe ver lo bueno
aun con la basurita en el ojo,
que espera, que confía, que sueña,
el inconforme natural
que lucha siempre por algo mejor,
porque siempre será más feliz
el llamado "tonto soñador"
que aquel que dice haber visto
y sentido de todo
y ya no le queda nada por esperar...

6/26/14

CIELOS POR DESCUBRIR

¿Ves cómo quedaban
cielos por descubrir?
¿Ves cómo había
nuevos fuegos que prender?

El amor nace en cada beso
que te hace estremecer la piel
y te quita todo poder de pensar
y te da todo poder de sentir...

¿Ves cómo es hermoso
perder el control,
soltar las riendas
y dejarnos llevar?

Recorrer tu espalda a besos
es conquistar el mundo
y ver tus labios ansiosos por los míos
es deshacer la eternidad en segundos.

LAS PACIENTES ESPERAS

No, no me robas el tiempo,
me regalas el tuyo, que es diferente,
y juntos hacen instantes de esos
en que le conoce uno a la vida
su belleza y su magia,
y su milagro al universo...

No viniste a llenar mi soledad,
no me incomodaba,
no buscaba llenarla;
viniste a enseñarme
porqué valen la pena
las pacientes esperas...

SIN COMPLICACIONES

Cuántas explicaciones me ahorras
al quererme así, sin complicaciones.
Llego a tu corazón
por la vía corta de ser quien soy,
y me entiendes
por la única razón que importa:
me pones atención...

FORTALÉCEME

Gracias por ayudarme a quererme
cuando a mí se me olvida hacerlo.
Por tenerme la paciencia
que a veces no me tengo.

Por prohibirme
quedarme en las sombras
mucho tiempo.

Por darme tu mano
y fortalecerme,
porque necesito mucho saber,
que si algún día,
fueras tú quien cayese,
yo podré salvarte...

LA MEMORIA DEL PAPEL

Yo te guardo todos los besos
que no te di
y todos los momentos
que me hubiera gustado vivirte
y no te viví...

Los atesoro en la memoria del papel
para contártelos un día
porque pienso que te gustaría saber
qué pasaba por mi mente
cada vez que te extrañaba...

ENAMORADA DE LA VIDA

Yo espero mucho de la vida,
y que no todo salga a mi gusto
no me decepciona para nada,
nunca todo es perfecto ni a la medida.

Yo espero mucho de la vida,
sí, porque tiene tanto para dar la vida,
que si no le pido
sería ella quien se sintiera decepcionada.
La vida es un paraíso,
y solo los ciegos de espíritu no lo ven,
pero a nadie se le puede convencer
de lo que no quiere creer.

Yo a la vida le pido mucho,
porque sé que es generosa,
que me escucha,
y lo mismo hago yo con ella...

Le doy mi optimismo,
mi mejor vibración,
abro mis sentidos a lo más bello,
no ignoro todo lo demás,
pero lo dejo donde esta
para quien sea feliz
viendo espinas
y alimentado rencor.

Yo amo la vida,
porque es mi fiel amiga,
no juego nunca a maldecirla,
ni digo nunca de broma
que no me dolería dejarla,
acepto el fin
el día que sea,
pero amo estar aquí,
y hasta el último segundo
disfrutaré de algún placer.

Amo estar viva,
qué haya después
de este maravilloso mundo,
no me desvela;
vivo sin pensar en infiernos
y si hubiera más paraíso que éste
lo disfrutaré también.

Amo a Dios,
como sinónimo de hacer el bien,
porque a alguien tengo que adjudicarle
todas esas bondades y grandezas,
porque los mismos
científicos y médicos
saben que hay cosas que se resisten
a una explicación.
Y porque no me gusta ir sola por la vida,
y ningún daño me hace creer

que hay un ser que me acompaña
todos los días, en la luz y la oscuridad.

Amo la vida, porque es un banquete
y depende de mis hambres
lo que yo sepa disfrutar.
Porque es un manantial
y depende de mi sed
lo que vaya yo a saborear.
Por eso trabajo duro,
camino mucho,
para asegurarme el hambre
y la sed de cada día.

Gracias, vida, amo todo lo que me das,
que no siempre ha sido felicidad,
pero acepto tus lecciones y sacudidas.
Cada día es una nueva oportunidad,
y cada día me voy a la cama
esperando un nuevo despertar;
pero si mi deseo se cumpliera
de que mi final llegase mientras duermo,
te doy las gracias por todo,
y me declaro siempre y en todo momento:
enamorada de la vida

Dic 7/14

PALABRAS PERDIDAS III

1

Para mí,
cuando escucho a alguien diciendo
que está enamorado,
es como cuando observo la luna llena
o un amanecer,
o como cuando escucho el cantar
de un ave libre.
No hay perfección humana
sino cuando se está enamorado
y correspondido,
y no nos cabe en el pecho
y hay que soltarlo o nos ahogamos.
Es un exceso de luz
que hay que volver poesía, música...
Ese es el momento
en el que el ser humano alcanza
su máximo grado de creatividad,
bondad y belleza.

*** **2**

A donde sea
que el amor te haga caer,
ahí besa la tierra,
porque ahí habrás de florecer...

*** **3**

Un “te quiero” se contesta
con un TE QUIERO más grande...

*** 4

A donde te halles:
que mi pensamiento te siga...

*** 5

Te amo porque tus ojos tienen
ese color de un te quiero...

*** 6

Voy a sembrarte
al centro del patio de mi vida,
para que seas árbol y tu sombra sea,
a todas horas, solo mía.

*** 7
La única soledad que quiero es contigo...

*** 8
No importa cuántas veces antes
haya salido de mi boca,
este que hoy te digo
es nuevo: TE QUIERO

*** 9
El alma es el a solas del ser humano,
el pensamiento; donde nadie,
solo nosotros podemos entrar,
y ahí habitas tú ...

*** 10
Yo, a tu mano, le confío mi destino,
a ciegas...

*** 11
Eres el único ser con quien
me abro a la mitad y no me da miedo.
Sé que cuidarás de todo
lo que hay dentro de mí.

*** 12
Qué diera yo por abandonar mi vida,
en la sed de tus labios...

*** 13
El dolor de amor,
como la dicha, por amor, son sagrados;
son gotas de fuego en el corazón
que nos salvan de todo lo ordinario...

*** 14
Te puedo amar más de lo que imaginas;
pero con lo que te imaginas me basta
y me sobra para hacerte feliz...

*** 15
Regálame una herida
que no llegue nunca a cicatriz,
y vivirás en mí
mientras este cuerpo
tenga vida.
Bendíceme con tu sonrisa
y tu necesidad de mí
y lo que me toca de eternidad
será para ti...

*** 16
Me clavaste un dardo divino
en medio de mi voluntad...

*** 17
Amor, yo no podía inventarte más
que lo que deseaba que tuvieras;
eso era un sueño...
La realidad es amarte,
con todo lo que a ti te gusta,
porque ya estás hecho
de tus propios sueños...

*** 18
¿Y cómo ibas a saber tú
de la palabra resignación?
Si tú eras el aire…

*** 19
Cuando estoy contigo, canto por dentro:
Mi felicidad es asunto muy interno.

***20
Más que lo que dices
me interesa lo que callas...

*** 21
Lo único que te hace mío, es que me quieras;
yéndose tu amor, se acaba la posesión.

***22
Porque el amor no se inventa
porque la pasión no se improvisa,
por eso suele poner
al ecuánime de cabeza
y darle alas al que nunca miró al cielo.
El amor es una química traicionera
que reacciona ante la cercanía
de quien menos esperas,
y lo vuelve dueño de nuestros deseos,
y nos descompone o nos compone,
la vida entera...

*** 23
Me encanta sentir mi corazón
mordido por tu amor...

*** 24
Sostenme el pensamiento con tu mirada,
tu corazón sabrá lo que te quiero decir…

*** 25

Sea nuestro Dios el mar,
y la luna, nuestro ángel guardián...

*** 26

Muera donde muera
a mi corazón no lo hallarán ahí,
sino muy cerca de ti...

*** 27

No quieras decidir, tú, por la vida,
ni empeñes tu palabra por el destino.
Mejor no firmes nada, si no sabes leer,
lo que se dice, en silencios, con miradas...

***28

A veces es fácil callar los labios;
pero no las miradas...

***29

La razones del amor se olvidan.
En el amor, hay que reinventar, a diario,
una nueva razón o terminarás
por no saber por qué
empezaste a amar...

30***
Si sientes que te falta amor:
empieza a amar, que cuando se ama,
todas las fuerzas conjuran a tu favor.

31***
Si tú fueras la palabra "imposible",
yo querría ser la palabra "esperanza"...

32***
Algún día, el destino, nos hará tropezar
con nuestros errores, y quizá caigamos a llorar
al mismo abrazo...

33***
Nadie queremos dañar a otro corazón,
ni dolerle en el alma a nadie.
¿Cómo se puede culpar a alguien
por no poder corresponder
sentimientos de amor?
El amor es una chispa que prende en la piel
y el corazón, no tiene nada que ver
ni con el cerebro ni con la razón.
Puedes amar profundamente
a alguien y no desearlo.

Ah! La pasión: divina diferencia
entre la amistad y el amor.

34***
Si una persona no te logra convencer
de que eres especial,
y que la haces sentir
como nadie en este mundo,
todavía no te ha hecho sentir
lo que es el amor...

35***
¿En dónde moras, amor,
fuera de este corazón
que tanto te nombra?

36***
En el testamento de mi corazón
te nombré heredero de todos mis versos...
Y en la biografía de mi alma
conté como nacieron...

37***
Ojalá un día podamos mezclar
nuestras risas en el mismo viento...

38***
Me basta abrir mi corazón
para que brotes por todas partes...

39***
Te confío el poder de hacerme feliz,
puedes hacer uso y abuso de él...

40***
En dos que se quieren
que cada cual
mantenga su individualidad,
que ese "no puedo vivir sin ti";
huela siempre a libertad...

41***
Tu beso, es el lunar más querido,
de mi cuerpo.
Tu sonrisa,
la nueva versión del paraíso.

42***
Al acantilado de palabras que me tire,
ahí me esperas tú, con la red de tu amor,
para protegerme.

43***
Con un solo ser
que piense como nosotros,
que comparta nuestra locura,
estamos salvados: ya no estamos solos.
Ya no estamos tan locos.

44***
Sin ese egoísmo
de querer lo que amamos
solo para nosotros,
será cualquier sentimiento,
menos amor...

45***
Como duelen tus miradas
yendo hacia otros ojos...

46***
Para que corazón, mente, y espíritu
sean invadidos,
basta que dos miradas se crucen
y que dos pensamientos
se encuentren en un suspiro...

47***
Amar con los pies en la tierra,
es amor que no sabe a estrellas,
no quiero nunca amar así...

48***
Si el bendito veneno de la pasión
corrió alguna vez por tu venas,
será una droga
que busques eternamente...

49***
Mi Dios, que es el tuyo,
y que no es sino
el deseo de las cosas buenas,
estará siempre al pendiente de ti.

50***
Te reconocería entre una multitud
sin conocerte.
Sabría que estás en un lugar sin mirarte.
Mi alma, no ignoraría jamás,
un llamado tuyo,
me acercaría a ti a ciegas.
Como el imán llama al acero, sin verlo.

51***
Se guarda más lo que se siente
que lo que se mira;
por eso,
cuando nos gana un sentimiento,
instintivamente, cerramos los ojos…

52***
Hay algo mucho más allá del amor
y todo lo que está escrito sobre él...
Solo cada uno y cada quien
descubrirá su verdad, un día,
cuando se vea arrinconado
contra la pared del deseo.

53***
Cuando la piel haya perdido
hasta nuestras cicatrices.
Cuando el viento haya volado tan lejos,
que, ruinas, polvo y recuerdos
no tengan dueño...
Estarán escritas todas esas cosas
que me dices, y te digo,
en algún diario del tiempo...

54***

Nadie es responsable de lo que inspira.
Hay quien se convierte en el amor de una vida
sin haber hecho nada para serlo
y sin poder hacer nada
para corresponderlo.
De ser profundamente amado,
nadie es culpable.

55***

Un ser enamorado
es un ser impedido para la envidia.
Automáticamente sus sentidos quedan
bloqueados para disfrutar de otra cosa
que no sean las bondades de la vida.
Regálale a mis ojos la dicha de verte feliz...

56***

Deja que te miren,
encontrarás tu luz en otros ojos.
Escucha, encontrarás tus verdades
en otros labios.

57***

Quien quiera que decidió
ponerle pasión al amor,

jamás imaginó qué infierno
se volvería el corazón...

58***
La dignidad nunca se pierde
tras un amor, cuando la creemos perdida es,
simplemente, porque se han agotado
todos los recursos
en el intento por recuperarlo,
para después no reprocharnos:
"¿Por qué no hice, por qué no dije?"
Mejor intentarlo todo, que ser,
inmóviles víctimas del orgullo.

59***
El amor, mientras no tenga rostro ni nombre,
es perfecto.
Mientras más se idealice,
más difícil será hallarlo, una vez hallado,
para poder disfrutarlo,
habrá que hacer algunas correcciones,
modificar algunos detalles,
borrar de la lista algunas virtudes
y liberarlo a toda su dulce,
humana imperfección.

60***
Qué difícil es vivir un amor tormentoso,
esas relaciones amor - odio,
en las que hoy ríes y mañana lloras
o viceversa.
No hay orden, no hay destino,
nada es predecible, todo es tan doloroso,
te sacas sangre de los labios
y del corazón...
Qué dolor tan innecesario...

61***
Te dije todos los “no”
que me sabia
y a ninguno hiciste caso...

62***
No me inventes cualidades que no tengo,
no me idealices.
Yo no tendré la culpa
de tus decepciones, sino tú.

63***
En el amor todo aplica,
créame: todo aplica.

64***
Cuando te necesita mi piel,
te digo, me gustas...
Cuando mi alma te busca,
siempre dice, te quiero.
Cuando mi piel y mi alma
se juntan en un solo deseo,
te dicen: te amo,
y eso es todo lo que creo.

65***
Amo que me duelas
tan dentro de mí,
no me abrumas
ni me desconsuelas:
tú, vales mi sentir...

66***
Dicen que el amor es ciego,
pero, también es cierto
que mucho que del amor se calla,
lo dicen las miradas...
Los ojos que aman
hablan, brillan,
tienen el color de la felicidad.

67***
El amor no planea la cercanía,
los cuerpos no hacen planes,
solo se necesitan...
Juntos, dos que se aman,
no huyen de la lluvia,
ni del ruido, ni de la prisa,
el rumbo de la vida son unos labios
y cerrar los ojos y unir las manos...

68***
Eres la tierra donde me gusta sembrarme...

69***
Siempre es un gusto ver,
que el amor sigue componiendo
las imperfecciones del mundo.

70***
Si el amor no es para hablar
de grandezas, amor no es.
Si no te saca de tus cauces,
llámale como quieras, amor no es.

71***
Ya sabíamos cómo iba a terminar,
pero saber el final,
no era razón para no empezar...

72***
Si perdiste a alguien
por errores cometidos,
pide perdón;
pero no intentes
recuperar a esa persona,
intenta mejor resolver tus errores
y no volverlos a cometer en otra vida,
en otro amor, el que ya quebraste,
ya no lo vas a volver a tener.

73***
No quiero que mi amor
sirva de jaula para nadie...

74***
No, no todos los "perdóname", "quédate",
y "te amo"s, son palabras mágicas para aliviar
corazones rotos, ni son llaves

para abrir el cofre de la felicidad perdida.
Cuando ya no te aman,
de nada sirve un ruego.
No siempre es el orgullo
el que cierra los labios,
también la dignidad los sabe sellar.
No siempre queda fuego
entre las cenizas.

75***
Triste es saber,
que si escribieras tu biografía,
mi nombre no aparecería,
ni seré parte de tus cenizas;
pero al pensamiento
no lo quema la muerte,
ni al alma, la consume el fuego,
y en alguna parte se encenderá el viento
con mi recuerdo...

76***
Amor se dice besando...

77***
Sálvate condenándote:

Un corazón de fuego
arde en el infierno y no lo sabe...

78***
La única prisión sin rejas que existe
en el mundo, es el amor.

79***
Un día haré pedazos
la palabra resignación,
me ha robado tanto...

80***
Un “te quiero" por teléfono
es sonido que en el aire se pierde,
una carta vence la barrera del tiempo
y es para siempre.

81***
Planta amor,
el secreto de una casa bella,
está en el jardín.
El secreto de una vida feliz
está en el amor.

82***
Soy masoquista tardía:
me encanta mi dolor un día después
que lo he superado…

83***
En un corazón cerrado no entra dolor;
pero tampoco sale felicidad...

84***
Si no te espinas la mano,
no apreciarás la rosa.

85***
Ningún dolor es de muerte,
ningún dolor mata,
solo la muerte mata
y a veces ni dolor se siente…

86***
Cuando el éxito te trate mal,
acuérdate de lo fuerte que eras
cuando soñabas triunfar...

87***
La maldad
sabe ofrecer una cara bella.
¿Cómo, si no,
íbamos a acercarnos a ella?
El dolor,
suele comenzar por ser placer
¿Cómo, si no,
íbamos a dejarnos convencer?

88***
Vivimos experimentando
y equivocándonos, diciendo siempre
que de nuestros errores aprendemos.
En realidad , para lo único
que nos sirve caer y decepcionarnos,
es para saber quién era quién,
mas, nunca nos hace más sabios,
ni nos evita volver a caer.

89***
No tengas miedo de tus errores
ni te avergüences,
ni intentes esconderlos,

tampoco creas que no tendrás tiempo
para remediarlos
o que no son perdonables.
Todos tenemos derecho
a un número infinito de ellos.

90***
Hay momentos
en que solo quisiéramos
el humano regalo
del no sonido,
del casi no existo,
para poder escucharnos
a nosotros mismos,
quizá sean las voces
del amor, del dolor o del olvido,
que, al fin, a solas, nos confiesan
sus secretos motivos...

91***
Me sigue interesando
eso de hacer la diferencia
en un mundo herido,
por eso, siempre cargo conmigo,
aguja e hilo...

92***

Baja la guardia, no te preocupes tanto
por estar a la defensiva ante los demás.
Protégete mejor, de ti mismo,
de tu pensamiento y de tu boca,
que fácilmente podrán procurarte
dolores irreparables.

93***

Entre menos personas
involucres en tu dolor
más oportunidades tienes de sanar.
Como el fuego, mientras menos aire
encuentre a su favor
más pronto habrá de apagarse...

94***

Soy de sonrisa fácil
y lágrima difícil...
Por eso el dolor no me quiere,
porque no le rindo
honores ni pleitesías,
yo le guardo su debido luto,
le pongo sus flores;
y andando, que la vida es un día...

95***
Nunca esperes jugar
en las fauces de un cocodrilo
y salir ileso...

96***
No hay alma que no haya caído
ni hay alma que no pueda levantarse.

97***
Que ni el éxito ni el fracaso
te engañen nunca: ninguno de ellos
es superior a tu propio valor...

98***
Yo creo que es más fácil
salirte del escenario que te ahoga
a que logres cambiarlo.
El simple intento puede aniquilarte,
anular tu espíritu ganoso de crecer
y emanciparse.
Lo más sano es dejar al mundo
con sus estrecheces
y buscar donde se te permita expandirte,
desdoblarte, volcarte,
sin la crítica que mata
y la sojuzgación que castra el alma.

99***
Confiar no es malo,
no fijarse en quien, sí.

100***
Nos desilusiona una persona,
no la humanidad.

*101****
Hay guerras
en las que no vale la pena desangrarse
así salieras vencedor.

*102****
La poesía, ese puente casi olvidado,
para cruzar de un corazón a otro...

103***
La poesía solo cuenta
con unos cuantos locos que la aman,
para defenderla y preservarla.
Tenemos que serle fiel a nuestra locura.

104***
El poeta no escribe versos,
el poeta escribe verdades.

105***
Es tan corto un verso y tan largo
el sentimiento que lo inspira...

106***
La poesía es un cuarto oscuro
al que la mayoría teme entrar
a encontrarse con su propia luz...

107***
El Poeta no miente… está a solas,
¿qué caso tiene?

108***
Un Poeta es aquel que, aun del infierno,
sale con una rosa en la mano.

109***
El poeta escribe más por valentía
que por inspiración...

110***
Escribir es un quehacer
que requiere de mucho ocio.

111***
Escribe absolutamente para ti
y estarás escribiendo por muchos.
Quien cree estar escribiendo para los demás,
se aleja de sí mismo,
y eso, lo aleja de todos.

112***
A veces retumban, en el pecho,
palabras que arden
y hay que ponerlas al viento,
para que se propaguen
o para que de una vez, se apaguen.

113***
Nunca he tenido mejor amiga
que una hoja en blanco,
siempre callada me escucha,
aunque después me grita:
Mira, esto es lo que eres,
esto es lo que sé de ti…

114***
No, yo no escribo para la posteridad,
yo escribo para un hoy urgente.

115***
Si buscas la palabra perfecta
o el adecuado adjetivo,
no lo hallarás con el corazón frio.
Deja que lo caliente un sentimiento
y entonces despertarán,
todos los verbos dormidos.

116***
Nunca te conformes con decir: “te amo”.
No limites nada,
no digas que no hay palabras
para explicar lo que sientes;
esculca, bate, en todos tus rincones,
confiesa de todas las formas lo que te invade.
Dentro de ti hay un mundo que no conoces
y alguien ha llegado a presentártelo:
déjalo salir,
date el gusto de escucharte feliz.
Empieza por todas las frases usadas
hasta que salgan las nunca estrenadas.

117***
Uno se refugia en la tinta y el papel
desde la primer ausencia.

118***
Mis hojas se pueblan de tinta
en soledad, pero me gusta
ponerlas a secar al viento y al sol.

119***
No pretendo aconsejar a nadie,
acaso a mí misma.
Cada cosa que yo escribo
es para mí,
pero lo hago a página abierta,
por si a alguien más,
pudiera servirle...

120***
El único libro
que tiene grandes posibilidades
de ser leído
es un diario ajeno, escondido...

121***
Muere el hombre, descanse en paz.
El poeta, el escritor no muere jamás,
nace cada vez que un lector lo descubre.

122***
Las únicas leyes válidas a seguir:
para el comunicador, la verdad;
para el poeta, el sentimiento.

123***
Hagamos ejemplo de un buen lenguaje,
que hable de lo que hay en el corazón.
Que sea limpio, que lo mismo te sirva
para hablar con un rey
que con un mendigo.

124***
No me molesta ser pequeña,
mientras más lejos estoy de las alturas,
más cerca estoy de la profundidad.

***125
No idolatres amores
que ya se han marchado,
a menos que la muerte
te los haya arrancado,
ellos supieron arreglarse la vida,
sin ti, en algún lado...

***126
Un día me dirás que me querías
como a nadie;
pero yo no quería ser nadie...

***127
Solo fui una breve huella en la arena,
que la ola más pequeña,
sin mala intención, ha borrado...

***128
Hay gente que conviene olvidar
y hay gente que ni sabe que es inolvidable...

***129
Insondable abismo es la memoria,
quién sabe si nosotros elegimos
los recuerdos
o los recuerdos nos eligen a nosotros
en el azar del tiempo.

***130
No tengo memoria para sufrir,
solo para recordar lo que me hace bien...

***131
Nunca hay que olvidar el lugar
donde aprendimos a sentir el corazón...

***132
Mi memoria es muy mala para registrar
nombres y fechas;
pero mi corazón es muy bueno para guardar
personas y emociones buenas.

***133
Si te diera por olvidarme,
que sea despacio,
tómate tu tiempo,
con suerte y alcanzo
tu malévolo propósito
y te convenzo
de lo desgastante que es
un olvido innecesario...

***134
Qué camino tan largo hay que recorrer
para hacernos amados,
y qué corto para volver a ser extraños...

***135
En las memorias encontradas
reconocemos los olvidos...

***136
Siempre sabrás
a quien amaste
y a quien recuerdas;
pero quizá te sorprendas,
al saber un día
quién, en silencio, te amó
y con una sonrisa
te recuerda y te nombra todavía,
sin haber aspirado nunca al "sí"
de tu corazón...

***137
Gracias por mostrarme,
el dulce sabor del olvido...

***138
Rebelarte a lo ya escrito,
es autoexiliarte
del pasado y del olvido.

*** 139
Detén el tiempo,
en fotografías.
No le confíes nada
a la memoria,
que a cierta edad de la vida
es una pobre nube
desgarrada por el viento...

***140
No tengo tiempo para envejecer,
lo necesito todo para sentir y aprender...

***141
El tiempo, como el alcohol,
ni cuenta te das
cuando se ha evaporado.

***142
Lo que no fue en su momento
no será a destiempo.
No vive lo que no tiene que vivir:
Cara es una obsesión.

***143
Difícil hacer rodar
cuesta arriba, las piedras.
Tan lejos como logres empujarlas,
será lo fuerte
que te habrán de golpear
en su natural caer.
La obstinación tiene su precio.

***144
Lo que el tiempo construye
no lo destruya el hombre.
Al hombre le basta un minuto
para derribar
lo que al tiempo le tomo un siglo.
Por eso la naturaleza ruge
cuando le arrancan de sus entrañas
a sus hijos y derrumba en un segundo,
esos altos edificios
y esos sofisticados caminos;
soberbia del hombre,
se vuelven frágiles hilos
ante el poder de la madre tierra
y el padre tiempo.

***145
Tiempo, tiempo,
dejame sentirte en mis manos: sobrevivirte.

***146
Si una flor nace,
qué importa el cieno que la rodee,
el mundo es lo que uno ve,
y es la flor, lo que yo quiero ver.

***147
Las palabras de esperanza,
de amor y confianza ,
nunca son balas perdidas.
Dispara al aire, sin dirección,
sin   afinar puntería,
ellas, tarde o temprano
darán con el corazón
que las necesita…

***148
Todavía queda gente que se preocupa
por ser "querible" y "recordable",
y eso, consuela.

***149

Yo no sé quién inventó la fe, pero sí sé,
cuánto bien hace creer...

***150

A veces recurro al viejo truco
de perder la esperanza...
Por aquello de que, cuando llega
la máxima oscuridad, amanece.
Y cuando dejas de buscar,
lo perdido, aparece.

***151

La canción de la vida es a capela.
Solo unos cuantos logran inventarse
una orquesta de sueños,
un coro de amigos,
y saben que ha sido un éxito
cuando el ser que aman
la canta a dúo con ellos.

***152

Yo sí espero algo de los demás,
porque me gusta hacer sentir a la gente,
útil y necesaria.

***153
Todos los caminos
llevan a la felicidad,
si crees que vas tras ella...

***154
La felicidad no es otra cosa
más que nuestro poder de aceptación
de las circunstancias,
y nuestra disposición
de transformarlas
a nuestro favor,
con trabajo e ilusión.

***155
Nunca estoy ocupada para mí.

***156
Las palabras de paz,
son como palomas blancas,
que vuelven a donde vuelen,
siempre, a ti volverán.

***157
La alegría es la salud del alma...

***158
Para volar no se precisa solo de alas,
sino de un corazón que quiera volar..

***159
Nadie que sonríe todo el tiempo,
es feliz todo el tiempo.
Agradécele su esfuerzo por darte,
aun en sus peores momentos,
su mejor cara, y no amargarte el día.

***160
Si todas las puertas se abrieran,
no llegaríamos a la que realmente
vale la pena abrir.

***161
Me gusta la gente
que hace su propia moda
y su propia fiesta para ser feliz...

***162
El que cree en el destino
sea lo que fuere que pase
dirá que ya estaba escrito...

***163
Todo en esta vida se adquiere
y se aprende
por educación, por hábito, por amor;
pero, lo que de nuestros padres,
por nuestra sangre corre:
No hay país, no hay maestro,
ni amante ni amigo, que lo borre.

***164
A los seres comunes nunca
les pasa nada especial,
ni siquiera les es dado entender
las maravillosas cosas que les suceden
a los seres especiales.
Su único don: criticar.

***165
Los pensamientos ajenos
engendran los propios,
por eso es tan importante buscar personas
o libros, cualquiera que sea tu fuente
de abastecimiento de ideas, que sea positiva,
profunda, interminable; porque como ellos
hablen, terminarás hablando tú.

***166
Hasta la más noble de las acciones
habrá de encontrarse
con la respetable la oposición.

***167
Si alguien con una mentira te regaló
un momento de dicha, dale las gracias.
El mentiroso es él; pero el feliz fuiste tú.

***168
Ya casi no hay miradas perdidas,
las encuentras todas en los celulares...

***169
Siempre es bueno
un poco de hambre guardar,
que, aunque ningún manjar
en esta vida es prometido, los postres,
por algo, se sirven siempre al final.

***170
Es increíble, cómo todo cambia
para bien, removiendo, a una sola persona,
de nuestro diario vivir...

***171
Solo tomo si la compañía es buena.
Tomar siempre es un riesgo
y hay que hacerlo
con quien valga la pena.
Se pierde el control, el sentido común,
se suelta la lengua, se llora o se canta.
Por eso hay que elegir la compañía perfecta.

***172
De mí no esperes enojos, ni silencios.
Pediré explicaciones si algo no entiendo.
No estoy dispuesta a perder nada,
suponiendo…

***173
La única felicidad que algunos conocen
es arrebatarle su felicidad a otros.
Me alegra haber hecho feliz
a unos cuantos,
aunque no por mucho tiempo,
porque la alegría natural
y la dicha sincera muy pronto
se regeneran, y ellos tienen que volver
a su amargura habitual.

***174
El potro de la realidad es muy bronco,
cuantas veces te derribe,
vuélvetele a montar.
No aspires a llegarlo a domar,
sino a su ritmo cabalgar.
Como no se doma la mar,
sino que se aprende a navegar.

***175
Trabajo sin problemas no existe;
pero problemas sin sueldo sobran.
Quédate al menos donde , resolver problemas
sea lo mejor pagado posible.

***176
No es lo que nos guste,
es lo que nuestros ojos, nuestra mente,
nuestro estómago, puede resistir,
estamos hechos así,
algunas partes de nosotros
no se pueden educar,
simplemente reaccionan positiva o
negativamente, a veces,
para nuestra propia sorpresa.

***177
La humanidad necesita
más abogados defensores
y menos fiscales.
Hay que remover del jurado
a la envidia y al ocio
que solo hace criticones
y poner en su lugar seres felices
que no atacan por gusto
y suelen hacer muchas concesiones.

***178
¿Cuándo, la abundancia,
ha tenido que inventar nada,
en favor de la supervivencia?

***179
Hay cosas que no se me antojan,
poderes que si me concedieran rechazaría.
Como escuchar los pensamientos ajenos,
leer diarios ajenos
y saber lo que se dice de mí a mis espaldas.
Hasta nuestros seres más queridos sostienen
conversaciones sobre nosotros,
y es muy doloroso escucharlas.

***180
No soy culpable
del mal funcionar del mundo,
ni responsable de enmendarlo,
la única responsabilidad que acepto
es la de no desperdiciar
ninguna oportunidad de disfrutar
lo que me haga sentir bien.

***181
No busques caber
en mundos ajenos,
vive y sé de tal manera
que sean los demás
los que quieran
ser parte del tuyo.

***182
Todos llevamos contenidos
muchos gritos en nuestro interior;
mucha emoción, amor,
que busca salir.
La búsqueda en la vida es por las llaves
que los liberen...

***183
Quien exige explicaciones,
duda de ti y a quien duda
no hay explicación alguna
que satisfaga o conforme.
Gozará enredándote
y esperando el momento
en que caigas en una contradicción
y entre tanto careo los nervios aparecen,
las palabras trastabillan
y de que caes, caes,
aunque no tengas nada que ocultar:
El miedo a las fieras, siempre nos hace temblar, es cosa natural.
Cuidado con concederle tus afectos a un fiscal de la humanidad.

***184
En todos los rincones del mundo hallarás,
aliados y enemigos,
cómplices y soplones;
eso es claro. Lo que no es tan claro
y lleva un rato distinguir
es, a quién interpreta, magistralmente,
simultáneamente, ambos papeles.

***185
Sigue intentando cambiar
lo aparentemente incambiable,
modificar lo establecido,
re explicar
lo equivocadamente entendido,
abrir lo dado por hecho
e ir en contra de la verdad
que no encaja
con tus verdades.
Los que cambiaron al mundo,
todos, contradijeron
lo que parecía irrebatible;
primero fueron pasados por locos,
los intentaron callar;
pero al final,
su voz, fue la nueva verdad.

***186
Nada defendemos con tanto ahínco
como nuestros errores y nuestros vicios...

***187
El único ingrediente
que no me gusta en la cocina, soy yo...

***188
Estaremos hechos todos
del mismo barro; pero, por suerte,
no a todos nos moldearon
las mismas manos.

***189
Nunca olvidé en lo que fallé,
curioso es el aprendizaje de la vida,
de todas las preguntas en el cuestionario
para conseguir mi licencia de conducir,
solo recuerdo la que fallé.
Así suele suceder en otras lides.

***190
No sé, qué hace
a algunas almas
que se arrepientan
de lo que sus cuerpos
vivieron; pero sí sé
que en nada altera el pasado...

***191
Hemos aprendido
a educar a nuestros ojos:
Ya no dicen lo que callamos, y eso,
es un fraude imperdonable al corazón...

***192
El único trozo de la vida
que reconozco como destino
es el pasado, porque,
es cierto: ya está todo escrito
y es imborrable, incambiable, inviolable.

*** 193
No menosprecies nunca la inteligencia
tras la belleza.
No cases nunca virtudes ni defectos
con apariencias.
No aceptes ideas preestablecidas
sobre lo que ves
y lo que puede haber detrás
de una persona,
nuestra capacidad de equivocarnos
es infinita.
Los malos del mundo
lo saben muy bien
y por eso le es tan fácil engañarnos.

***194
No hay educación que nos obligue
a soportar nada que no nos guste
o nos ofenda.
Un "con permiso" basta
para poner tierra de por medio.

***195
Podrán haberte tocado
las mejores cartas;
pero si nada has apostado,
nada ganarás.
Solo el que acepta los riesgos
sabrá lo que es ganar de verdad.

***196
Si quieres llevarte bien
con el mundo,
basta con no darle la contra a nadie,
lo que no significa darle la razón.

***197
En los campos de cemento,
abundan más las serpientes:
Te muerden mirándote a los ojos
y sus sonrisas son sus cascabeles…

***198
Pon flores en las tumbas
de los que amaste,
y palabras de elogio
en los que quieres y admiras...

***199
En vida y en muerte regálame flores,
que es muy triste una tumba sola...

***200
Las flores podrán
conquistar corazones;
pero nunca podrán,
borrar una ofensa.

***201
Cuando alcanzamos la madurez,
las palabras y los nombres
de los sabios que más citamos,
son las de nuestros padres.

***202
Si aceptas un empleo,
"por mientras",
cuidado de quedarte ahí
de por vida,
por sobrevivir
aceptamos muchas cosas
que terminan siendo todo lo contrario
a lo que hubiésemos deseado ser.

***203
Todos nos pueden enseñar algo,
el problema es
que no todos creen
que tengan algo que aprender...

***204
Si te quedas
en donde crees que has fracasado,
vivirás como un fracasado siempre,
emigra de esos paisajes
hacia nuevos retos,
el mundo es infinito
y a donde quiera que vayas,
hallarás nuevos afectos.

***205
No guardemos tras murallas
los elogios ni la alegría
por el triunfo de alguien más.
El éxito de los que nos rodean
siempre nos alcanza a salpicar.

***206
Qué lástima que, de entre los enemigos,
los rivales, los competidores,
no podamos elegir
nuestros mejores amigos,
nadie, como ellos, se ha preocupado
por conocernos mejor.
Están tan a la altura de nuestras capacidades,
de nuestras posibilidades,
nadie puede ponernos más a prueba
y con nadie podríamos tener
mejores y más inteligentes conversaciones.

***207
Envídiame, ódiame,
habla mal de mí,
invéntame la historia
y el final que quieras;
pero no se te ocurra
tenerme lástima, jamás.

***208
Creo en lo que creo
con toda devoción,
pero, también creo
que puedo cambiar de opinión.

***209
Un rato, un verano, un viaje,
toda una vida, lo que haya durado
un romance, eso es la eternidad...

***210
Si crees que los sueños
se hacen realidad
es porque ya estás trabajando
para que así sea...

***211
Respeta mi silencio:
Te estoy protegiendo de mí.

*** 212
Nunca serás amado por todos,
confórmate con ser bien amado
por unos cuantos y a esos cuantos
amarlos con todo.

***213
Por quien te crea capaz
de triunfar, triunfarás.

***214
Adiviné tu futuro,
no, no te asombres,
nunca fue un don
predecir el fin de la piedra
que rodando va la cuesta...

***215
Cuando pedimos un consejo,
inconscientemente,
estamos buscando
a quien echarle la culpa,
si algo sale mal.

***216
El único silencio
que nunca podré darte
es el de mi corazón,
cuando estoy cerca de ti...

***217
Desilusionarse es ganarse la lotería
de la desgracia,

***218
No me impresiona lo que la gente mala
es capaz de inventar.
Me impresiona lo que la buena gente
está dispuesta a creer.

***219
Tuve que desviar mi mirada de la tuya,
pero ya era tarde, hay tanta dulzura
en tus ojos, que dos segundos bastan para
cambiar el ritmo de un corazón...

***220
En afectos
todo tiene que ser voluntario,
regalado; nada forzado,
nada pedido, nada explicado...

***221
Sabio ha de ser aquel,
que sepa dar su amor,
solo al que lo merezca.
Dichoso aquel,
que aprenda temprano en la vida,
qué engañosa es la miel...

***222
En poesía, llamar a las cosas
por su nombre, es traición.

***223
Yo vine a esta vida a celebrar,
no a lamentar.
A escoger no a ser elegida.
A dejar huella, no a seguirla...

***224
Todos los días hay mañana...

***225
La luna es la patria
de los enamorados y los poetas...

***226
Tú, ya haces bastante
por mi felicidad: Existes.

***227
Enamorarse
es una necesidad,
para poder descubrir
todo lo que no se ve
a simple vista.

***228
Hay gentes que son sentimientos vivos.
Que siempre, que pasan por tu memoria
oleadas de fuego te recorren
y hay gentes que son recuerdos...

***229
Dios bendiga las bocas, las plumas,
que saben tranquilizar almas
y echarlas a andar por la vida
con una sonrisa.

***230
Una mujer inteligente se embriaga de vida
y por donde quiera que pasa
deja huella, y su mirada y su palabra
contagian de luz y de energía. Como tú.

***231
Cuando piensas negativamente
y las cosas así suceden,
no es porque sepas de cierto el futuro,
significa que no hiciste nada para evitarlo.

***232
La fe y el amor mueven montañas, sí,
pero, para que eso sea posible,
tienen que haber unas manos
y un corazón trabajando.

***233
No hables mal
de quien un día te amó y amaste.
No desacredites a un ser
con el que pasaste mucho tiempo;
lo único que dejas ver
es lo desagradecido
y herido que quedaste.

***234
Pensé que si seguía
mirando tus labios
con la intensidad
que tú veías los míos,
no habría más remedio
que mordernos; digo mordernos,
porque besarnos,
es una palabra tenue
ante el ardor y la necesidad
con que nos deseábamos...

***235
Me produces una descarga
de intensos pensamientos
y a la vez las más dulces sensaciones.
Quisiera que me protegieras
y al mismo tiempo protegerte.
No sé si me perteneces
o te pertenezco...

***236
Deberías poner de acuerdo a tu boca,
con tus manos y tus ojos...
Tu boca dice que no,
mientras tus manos,
al menor descuido, me tocan,
y tus ojos me siguen a todos lados...

***237
Sentirse amada un instante
por el ser que amamos
justifican cien años de existencia.

***238
Si tú lo permites,
nos cambiamos la vida;
ya después veremos
donde acomodamos,
las piezas que nos sobren...

***239
Me gustó amarte
porque me conocí a través de ti
y me gustó saber
cuánto fuego puedo encender,
y cuánta felicidad soy capaz de crear,
cuando me miro en tus ojos
y mis manos empiezan
a navegar por tu piel...

***240
Hoy liberé todas mis mariposas
y pudieran ir en tu busca,
dicen que ellas siempre se posan
donde hay paz, luz, dulzura...

***241
Para ser feliz con alguien basta que sepa
hacernos sentir a gusto y en paz
con quien somos.

***242
¿Para qué te digo cómo quiero
que me quieras?
Me querrás a tu manera.
Y así es como yo quiero
que me quieras...

***243
En esta vida, todo lo que vale, cuesta.

***244
No, no siempre es cierto
que si no sostenemos la mirada de alguien
es porque estemos mintiendo.
Es que hay ojos que tiran fuego,
dagas, veneno
y es instinto puro de conservación,
esquivarlas.

***245
No, no me pongo nerviosa
ante ciertas personas
porque algo esconda.
Impónenme las víboras
los alacranes y las fieras
y no me deben ni les debo
absolutamente ninguna cosa.

***246
El tiempo nunca tiene prisa,
él nunca envejece...

***247
Ninguna palabra,
dicha con toda intención de herir,
es de salva.
Si ves que un alma
frente a ti sangra,
también has de saber
que no hay palabras para revivir
un buen cariño si lo matas.

***248
Felicidad: monstruo divino,
me hiciste pedazos
y mientras los recojo,
todavía te bendigo...

***249
Robar es un delito,
pero robarse a uno mismo
la posibilidad de ser feliz,
es un crimen,
que ni Dios ha de perdonar.

***250
Dios podrá salvarnos
de nuestros pecados,
pero de nuestra ignorancia
solo nosotros mismos.

***251
No hay versiones amables
de la verdad,
cuando ya no te quiere
quien tú quieres,
te toca presenciar tu propio funeral.

***252
Si el mundo fuera ideal
no tendríamos nada que hacer en él...

***253
No soy amiga del arrepentimiento,
creo que es una
de las más injustas torturas
que se cometen contra uno mismo.

***254
Nunca cuestiono a nadie
porqué vive como vive,
cada quien tiene
sus inconfesables razones.
Hasta la infelicidad tiene
sus respetables e incuestionables
motivos.

***255
No llames "amor de tu vida" a alguien
que ya no está contigo,
ni digas que nunca
volverás a amar igual,
porque tu mente y tu cuerpo
se cree lo que tú le cuentes,
y si te oye decir eso,
será como estar tomando
pastillas anticonceptivas:
difícilmente podrás concebir amor otra vez.

*** 256
Ya la vida me hizo resistente a la soledad,
sé contestar las mentiras con una sonrisa,
y al abandono con un sincero: "buena suerte".

***257
De nada en esta vida te asombres,
que todo, ha de ser por tu bien.

***258
Me gusta tanto buscarme en tus ojos
para asegurarme de que aún vivo
en tu corazón...

***259
¿Por qué será que hay simples despedidas
que te dejan la sensación
de adioses definitivos?

***260
Sigue los impulsos de tu corazón,
pero hazte responsable de sus consecuencias...

***261
No basta con decir: "te quiero";
pero hay que decirlo, siempre, siempre...

***262
Nada en esta vida está hecho,
ni programado ni siquiera cierto,
todo vale por el significado que tú le des.
El valor que tú le imprimas a las cosas
y a los sucesos, eso es lo que son.
Te deseo, pues, que tu código de valores
y de interpretación sea bello,
claro, infinito, para que nunca
te sientas atrapado ni pequeño...

HAY UNA LÍNEA DE FUEGO...

Hay una línea de fuego que cruza de lado a lado el alma, algunos se asustan de ella y la apagan.

Otros, en cambio, alimentan la llamarada y se aseguran de que permanezca viva hasta el fin de sus días. Con ella, calientan e iluminan su senda y la de todos los que, en algún momento, emparejan al suyo, su paso...

NADA ESTÁ DE MÁS...

*N*ada en este mundo está de más, nada. Habrá muchas faltas; pero nunca sobras. Lo que no me guste a mí será la dulce perdición de otra persona.

El amor que no fue para mí será el amor que impaciente aguarda otra alma.

No hay personas equivocadas, simplemente no eran para ti. Déjalas volar a otros cielos donde seguramente alguien los espera feliz.

No guardes resentimientos ni creas que diste más de lo que recibiste; quizá ni cuenta te diste de cuánta gente se fue de tu vida pensando eso de ti, y tú no tienes la culpa de no haber llenado sus expectativas.

Cada quien es como es, nadie tiene el poder de transformar los sentimientos de nadie.

Feb/ 16/ 13

INSUSTITUIBLES E IRREMPLAZABLES

Nada ni nadie es indispensable en este mundo, dicen, y pueda que sea cierto; pero si hacemos de estas palabras nuestro lema, ni sembraremos ni cosecharemos nada importante ni duradero en la vida.

Yo prefiero creer que vale la pena el riesgo de hacer insustituibles e irremplazables a todos aquellos que me quieren y quiero.

NO SE CAMBIA, LO QUE NO QUIERE CAMBIAR

Ya no hago intentos desesperados por cambiarle la forma de ver la vida a los seres negativos, trato, sí; porque pueda ser que atraviesen una etapa de la que quieran salir y necesiten una voz que los aliente; pero a menudo descubro que ellos son felices así, que sus descargas de adrenalina les sobrevienen cuando logran que un ser que sonríe deje de hacerlo.

Su función es, pues, desafiar la fe, la luz y la esperanza y entonces me retiro antes que la balanza se incline a su favor no vaya a ser yo quien termine viendo defectos y enemigos por todas partes.

EL CASINO DEL AMOR

¿Por qué el corazón se obsesiona con ir tras el amor no correspondido?
¿Por qué el pensamiento se hace adicto a esa imagen, y al sueño de un posible sí?

Supongo que es como cuando has perdido en los juegos de azar y no te resignas de ningún modo a retirarte como perdedor y en el afán de recuperarte y resarcir tu imagen ante ti, pierdes una y otra y otra vez, sin que llegue nunca ese soñado, mágico, golpe de suerte que habría de devolverte todo y con ganancias.

Y esperando ese instante en el que sentirías la adrenalina corriendo a todo galope, desbocada, por tu sangre, lo único que consigues es ir quedando a una orilla de la vida, cansado, derrotado, sin nada más que apostar, fuera del juego, y con el bolsillo y el autoestima arruinados.

Así es el casino del amor, más caras tristes que sonrientes ves.

Puedes apostar todo el capital de tu vida a la suerte de lograr el amor de quien ya te dijo que NO, y en respuesta a todos tus afanes e intentos lo más que puedes llegar a conseguir es agradecimiento y amistad y qué poco sirve eso para quien espera besos, caricias, compañía, pasión.

Un corazón que ama espera entrar en la habitación principal del ser que ama, amanecer entre sus sabanas, velar su sueño, regalarle el cansancio del deseo saciado.

Quedarse en la puerta, de guardián de su vida y escuchar sus confidencias, es de un corazón muy noble; pero a la larga: amarga.

En el casino del amor, el único que gana es el que logra empatar. Ni más ni menos: que te amen igual.

FRANQUEZA

De vez en cuando conviene hacer enojar a los amigos, es de la única manera que sueltan lo que verdaderamente piensan de ti. Pero no se lo tomes muy a pecho ni guardes rencor por sus palabras, recuerda que si no te lo había dicho antes es porque realmente le importa conservarte a su lado, a pesar de tus defectos.

Cuando venga a pedir la disculpa, otórgasela, junto con la promesa de que cambiarás lo que no le gusta de ti, (aunque es posible que no puedas, pero también es posible que a tu amigo no le importe más después de haberte recuperado) eso es mucho más fácil que iniciar una nueva amistad.

La gran ventaja de conocer los verdaderos pensamientos de quienes te rodean y aun así conservarlos es que ya sabes a qué atenerte con ellos: Ningún favor más grande que la franqueza.

SECRETOS BAJO LA LENGUA

La humanidad no está hecha para callar nada, si así fuera el primero en guardar tus secretos bajo la lengua serias tú. A los seres humanos por naturaleza nos encanta dejar registro de todo lo que vemos, oímos o sentimos.

¿Cuánto tiempo crees que tomó escribir o dibujar, a nuestros antepasados, algo en una piedra? Mucho, ¿crees que lo hicieron por que no tenían nada que hacer? No, es una necesidad contarle al mundo lo que te impresiona, lo que te mueve el corazón de lugar.

Pero, cuidado con contar más de lo que puedas soportar saber que fue contado.

3 28 12

NADIE ELIGE CON QUE PARTE DE SÍ...

Nadie elige con qué parte de sí va a sobrevivir en la memoria y en el corazón de los seres con lo que convive, quizá fue la palabra y el gesto que menos se te pudiera ocurrir.

Son los demás los que deciden qué parte de ti les hace falta para completarse.

NO HAY ALMA QUE NO HAYA CAÍDO...

No hay ser humano que no haya conocido los malos tratos de la vida, que no se haya sumido alguna vez en alguna fatalidad, en alguna desesperanza.

Desilusiones inmerecidas las hay todos los días; pero en cada historia de desencanto que vivas, ya seas protagonista o espectador, que esta sea la línea final y fírmala con decisión: esto no es superior a mí, yo voy a salir avante, nada ni nadie me dejará tirado, porque yo no lo permito.

No hay alma que no haya caído ni hay alma que no pueda levantarse.

NO ME IMPORTA EL DONDE...

No me importa el dónde ni el cuándo; pero sí el con quién. En el rincón que fuere; pero al lado de un ser querido que no le asuste mi muerte, que no le tiemble el pulso a la hora de cerrarme los ojos ni la voz para elevar por mí una breve oración...

Mudarme del mundo sin libros, sin música y sin amigos, no se me antoja ni un tantito el paraíso, me gusto mi estancia en este suelo de mis recuerdos, con sus sonrisas y sus placeres menudos y sus grandezas gratuitas en las que me sentí tantas veces infinita.

EN UN ABRIR Y CERRAR DE LABIOS...

Si estás triste hazlo saber, si estás alegre hazlo saber también; la humanidad tiene el don natural de empequeñecer la grandeza de la emoción ajena en un abrir y cerrar de labios, así, ninguna de las dos te hará su víctima a solas.

Si difuminan tu tristeza, te harán un favor; por tu alegría no te preocupes: te la podrán envidiar; pero nunca menoscabar.

EL PALPITAR DE OTRO CORAZÓN...

Si venimos de un vientre tibio, escuchando un corazón y alimentándonos de otro ser, claro, es natural ir por vida buscando siempre, no a la otra mitad, sino el palpitar de otro corazón.

Amor, es simplemente el nombre que le damos al abandono de nuestro ser en otro ser con la confianza de que podemos cerrar los ojos y de alguna forma volvernos a sentir arropados en unos brazos tibios que nos brindan paz, seguridad, protección.

Si no se naciera para amar, habríamos sido objetos, cosas; pero se nos dio el alma y la piel, por una sola razón: sentir, definición única del amor, para mí.

12 20 2012

El TRISTE CAMINO DEL ARREPENTIMIENTO...

Nunca pienses que te pudo haber ido mejor recorriendo otro camino, todos son iguales y de todos pensarás lo mismo después de un tramo recorrido. Pero, eso sí: Ningún camino más triste que el del arrepentimiento.

Dichoso el que no tiene dos opciones, es más fácil ser feliz. Los problemas y la inconformidad comienzan donde hay para elegir.

POEMAS PARA TODA OCASIÓN

Así como en un guardarropa, el que puede, tiene, trajes para todas las ocasiones, igual el Poeta, tiene obras, versos, poemas de todas las medidas y extensiones.

Según el momento y escenario, de soledad o de público, motivo o sin razón habrá de vestir su voz el Poeta, con el traje que confeccionó alguna vez con sus emociones.

Los poemas son como los pueblos, no son grandes por su extensión si no por lo que hay en ellos, de corazón.

Hay algunos poemas cortos que te dicen mucho, y hay algunos poemas largos, que te dicen mucho más, y lo único que lamento a la hora de leerlos es llegar al final, que me invita siempre a volver al principio.

Todos agradecemos la brevedad, es verdad; pero, ningún poeta le dice a su inspiración ya no me digas más, que al cabo que no me van a leer, uno escribe y escribe y escribe para cumplir con nuestra necesidad de desahogo y después veremos qué pasa con lo que parimos en tinta.

Con un solo verso un poeta puede invitarme a que le lea toda la vida.

Con el tiempo, y después de mucha tinta derramada y leída, he aprendido que no hay ningún renglón de más, solo que hay corazones a quienes no los tocará en un momento, para grabarse a fuego en ellos unos pasos más tarde en la vida.

10 31 2012

UN SOÑADOR Y UN REALISTA

No sé si escuché alguna vez, o yo me inventé, algo así como que no puedes unir un caballo brioso con una cierva miedosa, y yo creo que mejor unión no podría existir.

Porque creo en la ley del equilibrio como una de las definiciones de la felicidad; porque lo que uno jale desbocado, el otro, estira prudente y terminan por encontrarse en medio en un punto donde convergen la fuerza de las ganas y aquello con lo que realmente contamos y disponemos para realizar nuestros sueños.

Un soñador y un realista son más compatibles de lo que creen. Uno necesita quien le jale los pies a la realidad y el otro quien lo ayude a elevar sus pensamientos a las estrellas.

No hay cielo humano que no merezca soñar. No hay soñador que no necesite una mano amorosa que lo lleve a tierra firme para aterrizar.

TESOROS HUMANOS

No te fíes mucho de las primeras impresiones, no siempre lo bello del ser humano salta a simple vista.

Para esconder tesoros hay que hacer mapas, cavar bien hondo, en inadivinables sitios para asegurarnos de que no cualquiera podría robarlos.

Así pasa a veces con los tesoros humanos, las decepciones, los dolores, nos van haciendo esconderlos y guardarlos solo para aquel que realmente le interese y merezca hallarlos.

MIS AMIGOS...

Están en mi alma y de ahí no se moverán hasta que me muera.

Amigo es aquel que por un instante o por una vida te dio de sí lo mejor.

Amigo es el que ahuyenta la soledad, el que le pone música a la existencia.

El que con su confianza te hace saber que vales, el que te pide un consejo sabiendo que sufres igual que él, el que se levanta para levantarte.

El que me enriquece con su pensamiento diferente al mío, al valiente que me desafía llevándome la contraria, al que si digo que el cielo es verde me lo cree porque me quiere tanto que perdona mi ceguera y mis equivocaciones.

Al que perdono, si me ofende, porque un error no debe borrar, los mil momentos buenos compartidos.

Si algo sé de mí es que no nací para ser un ser solitario, me gusta la gente, me gusta hurgar y hallar lo bueno de todos los seres y mostrárselos y decírselos.

Uno o mil, que no falten los amigos. Presentes, ausentes, distantes, virtuales, imaginarios, pero que no falten.

Los amigos son el ejército que tú armas para defenderte, hasta de ti mismo, cuando haya necesidad. Ármalos con tu lealtad, tus detalles, tu confianza, para que te respondan igual.

Feliz día del amor y la amistad. FEBRERO 14 2013

CONCESIONES

Para llevarnos bien con el mundo hay que hacer ciertas concesiones, no podemos ir acribillando a los demás con nuestras leyes en pos de la "autenticidad", se puede serlo, sin traicionarnos ni un ápice, concediendo a los demás el derecho a pensar y opinar diferente a nosotros.

Pocas cosas más inútiles que enfrascarnos en discusiones en donde deseamos que otro piense como pensamos nosotros, puedo intentar deshacer un nudo en donde veo que esto puede afectar; pero si no, yo paso de largo, a nadie le hace daño lo que ignora, a menudo hace más daño lo que no hacía falta saber.

Entre más diversidad de pensamientos me rodee más alimento el mío, más posibilidades tengo de crecer en todas las maneras: espiritual, intelectual, emocionalmente, porque más ojos ven lo que dos, porque más corazones sienten lo que siente solo uno.

Visto desde distintos ángulos mi mundo puede ser mejor cuidado. A veces, si das la voz a muchos, de todos puedes sacar la mejor decisión, me ha sorprendido aun los puntos de vista tan maduros y atinados de algunos niños y que nunca imaginé tal perspectiva u opción.

Hagamos concesiones en favor de los demás y los demás empezaran a hacerlo en bien nuestro.

ENERO 13/13

EL INVITADO DE HONOR

Tú eres el invitado de honor del mundo, eres una visita de lujo a la vida. Un huésped esperado. No desilusiones a nadie que tenga una esperanza puesta en ti.

Dios te ha invitado no solo a la noche de fiesta, quiere que permanezcas, que duermas y amanezcas muchos días y noches en su hogar.

Te da la confianza de que abras todas las puertas; pero aunque estuvieran abiertas, o tuvieras todas las llaves, no olvides tocar en ellas antes de entrar, eso se llama respeto.

Trata al mundo como lo que eres, una visita, no como si fueras el dueño. No hagas cambios que puedan afectar la vida de los demás, no derrumbes paredes, ni quieras saber lo que no te quieren contar, los muros no están para separar sino para proteger algo sagrado que se llama intimidad. El alma es intimidad.

A cualquier vida que entres, se un invitado comedido. Atiende a los demás, un simple: "Me pasas la sal, por favor", o pedir una servilleta con una sonrisa, pueden ser el hilo que te unirá de por vida a alguien más.

Solo se separa el que no ama, lo mismo en la humanidad que en la manada, el que quiere ser más que los demás a costa del mal común, deshonra la invitación de Dios a habitar su casa.

El universo es la casa de Dios, el sol su lámpara, los valles y montañas su jardín, y nosotros solo una arenita con luz en ese paisaje que ve Dios.

Sal al jardín, disfrútalo; no solo cortes sus frutos y sus flores, planta también semillas. Planta amor, el secreto de una casa bella, está en el jardín. El secreto de una vida feliz está en el amor.

En donde quiera que el amor te haga caer, besa la tierra. Que ahí habrás de florecer.
Luce siempre tus mejores galas, tus mejores atavíos, esto es, habla con tus mejores palabras, sonríe con sinceridad, desde el corazón, no solo con los labios, que se comprometan también los ojos.

Sé útil a la humanidad, sé una hoguera en tiempos de frio, se agua fresca en tiempos de fuego.

En esta casa, en esta fiesta tú eres el invitado de honor, pero también eres el anfitrión para muchos más que vendrán después de ti. Deja todo lo que le pueda servir a alguien más, y que nunca se seque en tus labios la cualidad bendita de agradecer.

Feb 24 2013

SE NACE MUCHAS VECES...

En la vida hay muchos puntos de partida, muchos nacimientos. En el primero, nuestra madre sintió los dolores de parto, en los demás los sentimos nosotros mismos; pero no se nace sin dolor, no se parte en alma en dos para parirnos sin lanzar gritos.

Hasta el cielo sangra al nacer el sol y al morir cada día.

Pero no pidas anestesia para las penas, llora cuando tengas que llorar. Cada lágrima tiene que ser vertida y mejor que sea a su hora.

La vida es yunque, el dolor martillo, y va a golpearnos, de nada vale resistirnos, mientras menos resistencia opongamos y menos explicaciones pidamos más pronto terminará, la vida, su oficio de forjarnos, para que seamos nuestros propios padres y nos prodiguemos todo el amor y el cariño que merecemos como recién nacidos.

Como se quiere a un hijo, quiérete a ti mismo.

Háblate como le hablarías a un hijo, como le aconsejarías, como le guiarías, eres padre e hijo de ti mismo, acto y consecuencia, no lo olvides.

No seas demasiado duro ni demasiado blando contigo, donde se esconde el equilibrio esta una cosa llamada felicidad, si la encuentras deja que guíe los destinos de tu universo, no se equivoca nunca ni te exige sacrificios.

Perdónate tus errores, celébrate tus más mínimos triunfos, como le sonreíste a tu hijo, y le aplaudiste la primera vez que le soltaste la bicicleta y la pudo llevar solo.

Como no lo abandonarías a él en el momento más difícil ni en el más feliz, así, con esa misma comprensión, con ese mismo orgullo acompáñate a ti, siempre hay un nuevo camino, siempre.

Ni la muerte es el fin, si crees en Dios.

GRÚA EMOCIONAL

Todos nuestros problemas comienzan con el asunto del amor, de cualquier índole, pareciera la tierra prometida, la casa de la felicidad. Si no somos aceptados por aquellos que queremos nos sentimos desterrados de esta existencia.

Es cierto que la soledad pesa mucho; pero si das de ti lo mejor, si pruebas a señalarle a los demás sus cosas buenas y te acomides a ayudar en cualquier cosa, si evitas destilar amargura, si las quejas del mundo te las reservas, si no pluralizas, si procuras celebrar los chistes de los demás y aprenderte algunos y repetirlos, guardas silencio y respeto donde hay que guardarlo, saludas con cortesía, sabes ser agradecido, y muestras de ti la mejor cara, el mundo no tendrá el menor problema en aceptarte y por tanto aprenderás a disfrutar de la soledad y no a quejarte de ella.

Evita decir frases como estas:

-Bueno, ya no te quito tu tiempo.

-Solo te aburro con mis cosas.

-Ya sé que tienes cosas más importantes que hacer.

-Te libero de mi presencia.

-Ya sé que no valgo nada.
Difícil enamorarse de los espíritus empequeñecidos por su propia boca. Una cosa es la humildad que denota un ego en su lugar, otra minusvalorizarte, caerte por propia voluntad.

Nadie, por fuerte, paciente y estable, que parezca, puede ser grúa emocional siempre y todo el tiempo de los demás. Toda maquinaria, por más poderosa y perfecta que sea, se descompone alguna vez y tiene un límite de lo que puede levantar.

Así pues, prueba a levantarte por ti mismo, a quererte, enséñale al mundo que fácil es amarte.

El AMOR ES ROMPE PUERTAS...

El amor siempre quiere testigos, es ave más grande que el corazón que lo encierra, es rompe puertas, es indomable corriente que al chocar de las piedras se hace música. Es fuego de golpe que no supo nunca del humo ni le rogó a aire alguno para que lo atice y al revés de todos los fuegos, que arrasan con toda señal de vida; por donde este fuego pasa, todo florece.

Dic/27/12

LA SIEMBRA DEL ESCRITOR

Para mí no hay libros ni buenos ni malos, todos dicen algo importante para alguien.

Que no sea premio Nobel o que no esté entre los libros más vendidos del mundo, no me es relevante, me es suficiente con que después de leerle me vaya yo a la pluma o al teclado: escritor que incite a alguien más a escribir, ha sembrado.

De cualquiera se aprende si la buena voluntad es aprender. Si solo me diera por leer a los grandes consagrados, me estaría suicidando. ¿Quién entonces, a mí, me habría de leer?

Lo importante es el fuego prender, ese que entibia el alma y las manos, no el que destroza todo a su paso con su soberbio saber.

Enero 23 13'

EL PUEBLO DE LA TRISTEZA

La tristeza no llega a uno, uno llega a la tristeza, es un pueblo enorme, sobrepoblado, todos sus habitantes suelen ser muy amables, por eso cuando solo debiéramos ir de paso, muchos terminan quedándose para siempre.

Es fácil hermanarse con el que sufre, ser compasivos es tan sencillo, no cuesta trabajo alguno, los abrazos para confortar del fracaso y de la pérdida son fuertes y apretados, un habitante más ha llegado y así nos aseguramos de no quedarnos solos.

En esas tierras de la tristeza crecen muchas flores, pero todas grises, aquí no se conocen los colores ni los matices, sobra lluvia de llanto para regarles.

Nada cuesta solidarizarse con las penas, y los dolores, lo que cuesta es dar el siguiente paso: salir de ese pueblo. Bueno es agradecer los pésames; pero no hacerles perenne caso. Lo mejor es cortésmente desairar el vino y los manjares de los: "todo el mundo es igual", "que injusta es la vida" "lo mejor es nada esperar, no es bueno confiar"; para no estacionarnos en esos lares donde parece que somos tan comprendidos; pero corremos el peligro de, sin darnos cuenta, darle muerte a nuestras alas.

Quien verdaderamente nos quiere no será compasivo con nosotros. Respetará nuestro dolor y llorará con nosotros lo llorable, pero luego nos obligará a reir, te prohibirá encerrarte más del luto debido, y en esa insensibilidad que tú le ves porque no te compadece, te está haciendo el más grande favor: llevarte al pueblo siguiente, al de la alegría, un pueblo menos habitado, de casas grandes, donde juegan las luces, los colores y los ecos, retumba la voz del optimismo y de la risa, porque son tan pocos los que la practican. A la voz del: "tú puedes", del "no te abandones", del "yo creo en ti" y del "aquí estoy yo" se prenden las fuentes de la fe y de la risa y las rosas cantan sus aromas.

En el pueblo de la alegría, viven esos seres a veces tan injustamente mal llamados de corazón duro, y hasta a veces considerados, vanos y superfluos, cuando en realidad es gracias a ellos que el mundo sigue su curso, porque saben mantenerse firmes para enfrentar los tramites más duros de la vida por aquellos que quieren, porque quieren con más fuerza que nadie y dan la cara mientras los demás se dan el lujo de ser débiles y se esconden tras las lágrimas.

Un día habremos de entender que las lágrimas no son sinónimo fiel de nobleza, ni la ausencia de ellas, ausencia de dolor.

Ellos se preocupan por limpiar cuanto antes el cristal por el cual se ve tan borroso el objetivo de la vida.

La tristeza no llega a uno, uno llega a la tristeza, pero es un pueblo que hay que conocer solo de turista, no sembrarse en esos surcos porque suelen ser muy fértiles.
Sal de ahí da el siguiente paso antes que eches raíces y ramas frondosas te crezcan y otros vengan a sombrearse en ti.
Da el siguiente paso, a uno de esos pueblos menos habitados; pero llenos de seres plenos, intensos, brillan tanto que algunas sociedades los llaman pecadores, porque nada más

imperdonable en los pueblos de los alrededores de la tristeza que la dicha ajena.

Lo que no saben es que está hecha de los mismos ingredientes que la tristeza;
pero tienen un corazón que se rebela y se niega a estacionarse en la pena.

MARZO 16 2013

Baldwin Park, Ca

AFECTOS Y DESAFECTOS

Con el mismo cuidado con que se eligen los amigos hay que tener el tiento a la hora de elegir enemigos.

Así como el amigo proporciona apoyo, paz, seguridad; te sostiene para no verte caer, el otro te proporciona exactamente lo contrario, así que mira bien qué tanto poder tiene y si vale la pena enfrascarte en una guerra. Porque a un amigo lo puedes perder un día cualquiera y la vida sigue; pero un desafecto es mucho más duradero.

Los enemigos como los amantes puedes ser eternos. Solo el amor y el odio resisten el fuego del tiempo.

LECCIÓN POSITIVA

No importa cuánto bien te haga el enemigo con sus lecciones malsanas, el espíritu tarda mucho en digerirlas y el daño deja cicatrices visibles e invisibles.

No importan cuan fuerte seas y de cuánta capacidad emocional dispongas para revertir en lección positiva una actitud o una persona negativa. Hay que trabajar mucho para superarlas, es un proceso largo y doloroso.

Por eso, si al empezar a tratar a una persona se encienden las alarmas y las luces rojas, no pierdas tiempo ni sangre en guerras inútiles, los amigos como los enemigos tienen que valer la pena.

Si antes que te des cuenta alguien se metió a tu vida y ya le debes más de un momento triste o incómodo, si cuando platicas con ella, te deja el pensamiento pesado y no despejado, si de tres seres que conoce de dos te habla mal, retírate de esa persona, regálate la lección positiva temprano y no tarde.

Salva tu estructura emocional, antes que tengas que ir a recoger tu ser entre escombros.

La paz mental nadie, nadie, solo tú te la puedes proveer. Elimina de tu entorno todo ser tóxico y verás qué distinto es todo.

Abril 14 2013

LOS POETAS

Me gustan los poetas que posan con la mano en la barbilla, como sosteniendo el peso de sus pensamientos.

Me gustan los poetas que posan con la mirada perdida. Así de infinito es su corazón.

Me gusta ver sus escritorios, llenos del glorioso desorden del espíritu creador.

CREO EN TI

Qué importante es un “creo en ti”; un “tú, puedes”: no es luz la vela sin aquel que llega a encenderla.

No es nada la campana quieta sin la mano que la hace repicar, entonces puede a un pueblo entero convocar.

Qué generosa es la mano que sin ser la más fuerte se extiende para que de ella te sujetes.

Bendita la palabra que nos cura, nos libera.

Qué importante es, quien en ti crea, y te lo diga, ninguna bendición más completa que la admiración sincera y confesa.

UNA CONCIENCIA TRANQUILA Y UN CORAZÓN LLENO DE SUEÑOS...

Que el mundo se va a acabar no es excusa para intentar mejorarlo, no ha habido época sin guerras ni almas sin problemas, y la tierra sigue girando.

Volvamos a amar por siempre, no solo por un rato, luchemos por un pueblo no solo por nosotros.

Desaceleremos un poco el ritmo de la mente, estamos poniendo un muy alto precio a la existencia: que no te importen las marcas de la ropa y los zapatos o del modelo del carro; volvamos a ponerle valor a lo que vale.

Las nuevas generaciones se ven obligadas a satisfacer gustos muy caros y la sociedad y los trabajos honrados no dan para tanto, y de ahí surgen los caminos
malos. Aprendamos a amar otra vez un buen corazón, un buen amigo.
Contentémonos con poco y de lo poco repartamos al que ni poco tiene.
La bondad siempre alcanza para saciar tantas clases de hambres que se padecen en la tierra.

No despreciemos al humilde, no desafiemos al pacifico.
La euforia fingida deja un pesar en el alma que no para hasta acabar con cualquier placer natural de la vida.

Dicen que la vida es muy corta, yo digo que: La vida puede ser muy corta, que es otra cosa. Puede acabarse apenas al nacer o sobrepasar con ventura todos los años de un siglo. Lo único cierto que se sabe de la vida es justo lo que se ignora: el dónde y el cuándo se nos llegará la hora.

Aunque digan que el mañana no existe, ha existido siempre. Que yo no lo viva, no significa que no llegue. La muerte ni el dolor de nadie ha detenido nunca el amanecer del día siguiente.

Una conciencia tranquila y un corazón lleno de sueños, es una fortaleza que no cualquiera podría derrumbar.

Sal a la calle ignorando la maldad, neutralízala, eclípsala, elimínala, no le concedas el poder que el miedo otorga. Esta época es la que te toco vivir y es la única y la ideal para ser feliz.

La alegría natural, también es contagiosa, escribe un verso, dedica una canción, regala una flor.

Despacio quizá, pero no desistamos en forjar una nueva generación que aprenda a valorar las pequeñas cosas.

NI MATA LA PENA NI MATA LA ALEGRÍA

Todos los pasados son interesantes, en el pasado de cualquiera vas a hallarte una galería de cuadros, todas obras de arte del dolor superado, de alegrías que todavía nos respiran; emociones que pensamos un día nos matarían y hoy son solo un recuerdo.

Ni mata la pena ni mata la alegría, son solo signos de vida.

LOS CELOS: LA ESQUIZOFRENIA DEL AMOR

El amor que se forza, se rompe.
El que se inventa, como todo cuento,
a su final llega.

El que se cela, lejos vuela.
Ya el amor es huidizo por naturaleza,
no lo espantes más de la cuenta.

Al amor le gusta que lo celen;
mas no que lo hieran.
Una cosa son celos naturales,
que sabe sentir cualquiera,
ante el miedo de la posible pérdida.

Otra cosa, muy diferente,
es la ofensiva desconfianza;
la obsesiva esquizofrenia
productora de películas de las que,
el protagonista, ni siquiera tiene conciencia.

LAS MENTES TAMBIÉN SE BESAN

El amor también se hace con las ideas, las mentes también se besan. Hay mucho placer en compartir lo que nos gusta y descubrir qué nos une y qué, si no nos une, tampoco nos aparta.

Cada quien tiene el derecho, es más, la obligación, de conservar su individualidad, porque fuimos hechos de barros distintos, de genéticas diferentes y lo heredado como lo aprendido hay que saber hacerlo respetar.

Los espacios en los que no concuerdan dos seres que mucho se quieren, serán las soledades en las que se refugien cada uno cuando se aburran o se peleen, que no hay amor o cariño por fuerte, puro o infinito que sea que nos salve de odiarnos a ratitos, y nada como tener espacios personales donde nadie nos encuentre.

No es bueno invadir todo el terreno del ser que amamos. Los puntos por los que no converjamos serán los pulmones por donde respire la relación, por donde desintoxicar el alma de excesos cuando necesite volver a su estado original.

O séase al punto en el que empezamos la dulce aventura de amar.

Marzo 15 2013

CULTIVANDO ROSAS

Intentando cultivar rosas te habrá de herir alguna que otra espina, nada de muerte, nada que no sane. Sigue adelante, no dejes que por una pequeña herida se te filtre un virus mortal. No la escondas, al contrario, deja que le dé el aire y el sol para que se seque.

Atiéndete y cúrate desde el primer brote de dolor, que aunque haya quien tenga mucho aguante, ninguna medicina funciona igual cuando hasta el deseo de vivir está confundido.

Lo mismo si es físico que emocional el dolor, tenlo claro: es tan inevitable, como pasajero...

LOS QUE MUEREN Y LOS QUE NO

Demasiado profundo el tema de dónde venimos y a dónde vamos. Nada sabemos de ello. Nadie ha venido a darnos testimonio del después, mucho menos del antes de la vida. Así como vivir es solo en presente, la existencia, solo da para entender esta existencia, solo se es una vez; pero la energía que genere en mi paso por el mundo puede sobrevivirme.

Ese otro plano existencial es la obra de tu vida. Es la energía que te supera y aquí se queda para beneficio y gloria de los demás.

El lienzo en el que se pinta la vida es el recuerdo tangible. Así vemos pues, como el arte sobrevive a las épocas y es indiferente al fin de la vida de su mismo creador.

Algunos seres vinieron a ver el desfile, se quedaron en la orilla a ver pasar los acontecimientos. Otros los hicieron pasar, fueron los protagonistas del desfile, los criticados, los diferentes, los raros, porque a ellos la vida les sucede por dentro, el universo es su pensamiento agitado, que se mueve más rápido que el mundo externo, sus ojos ven mucho más que ojos cualquiera, su energía traspasa las cosas y por donde quiera que pasa algo de él queda.

Algunos seres se mueren con la vida, para algunos seres al morirse el cuerpo con el que podían ser vistos, ahí termina la vida; pero otros se quedan en esta tierra, no van a ninguna parte, el más allá es el más aquí que los hereda por siempre en sus obras, sus pinturas, su música, sus letras, sus inventos, sus descubrimientos, son los decoradores de este hogar llamado tierra. Lo transforman desde una época hasta la no edad, quedan registradas las fechas de su llegada y su partida física; pero no tiene fecha de caducidad su bien y su energía.

La bondad como la inteligencia, no son modas, y sus aportes al conocimiento no son perecederos, inspiran siempre. La bondad unida a la inteligencia es la belleza más inusual de todas, deja una estela de paz y luz por donde pasa. No se ufana de sí misma ni mira espejos para retocarse; pero no deja igual las vidas que toca.

La gente buena se busca en los ojos de los demás, en las sonrisas ajenas, su energía positiva es un perfume que no miente. Su presencia siempre es un aporte.

Los escritores nacen cada vez que un lector nuevo los descubre, sus historias, sus personajes, sus sentimientos nunca envejecerán. Así fuese el más pobre de los mortales, su fortuna será en tiempo. Al abrir alguien en otro siglo su sentir recibirá ese soplo de vida para él, de quien lo inspiró y a quien posiblemente inspirará.

He leído escritores, poetas, filósofos, científicos, inventores aseverando la no vida de después de la vida, y aquí estoy yo, después de todos los siglos, reviviendo la voz de su alma, sus pensamientos después de cualquier cantidad de siglos. Como si los que más se obstinaran en negar la permanencia del ser en esta tierra, sean los llamados a ser precisamente la prueba de lo contrario.

La vida es un escenario que aquellos que la han amado mucho lo han pintado en colores y nos los han heredado, no están conformes con su brevedad y mucho menos con su dolor, y han buscado remediar las dolencias de la humanidad.

Hay unos que mueren y otros que no, unos que se van para no regresar, otros que se quedan para una eternidad, son los fantasmas benditos de sí mismos, los ángeles que nos miran siempre, los que le soplan a una nube para que el sol nos empape de luz, los que la vuelven a mover de lugar cuando necesitamos sombra, los que la hacen llover cuando tenemos sed, o se vuelva lluvia: arrullo más querido de mi noche.

Son las estrellas que alumbran a los atrevidos que saben que hay nuevas cosas que descubrir por los rocosos e intransitados caminos que los demás evitan.

Demasiado inexplicable este maravilloso don de vivir, adjudicable solo a un poder incorruptible e insobornable: Dios. Y Dios nos crea en la medida que nosotros lo creamos a él.

Para el miedo a morir inventamos su eternidad. La humanidad pertenece a la tierra y en la tierra se quedará y florecerá lo que de imperecedero tenga su ser indiferente a su día final.

Los creativos sabrán del paraíso terrenal aunque lo abandonen. Su mente es el alma y lo positivo y diferente que de ella salga tendrá continuidad. Eso es la vida después de la vida.

Febrero 18 2013 Baldwin Park, Ca.

HEREDEMOS AMOR...

Al final del camino quizá te preguntaran qué has dejado en el mundo, no todos levantaron castillos, ni inventos revolucionarios, ni dejaron los bancos llenos de dinero, alguien tiene que dejar amor.

Procúrate ratos de soledad, de silencio, de oscuridad, deja que duerman todas las luces, todos los ruidos, todas las compañías, la abundancia, la grandeza, no permite ver las pequeñas cosas, tu propia voz que quizá esté esperando ser escuchada,

Hay quienes tienen el poder para callar a todos y para hacerse escuchar, gobiernan pueblos enteros, lideran guerras, también hay quien tiene el poder de provocar una sonrisa y devolver la fe perdida, él también es héroe y personaje admirable en la vida.

No te desgastes demasiado buscando el rostro y la voz de Dios, no tienes que verlo ni oírlo para creerlo, en lo inexplicado, se esconde Dios. No critiques a los que rezan, a donde sea que llegue su oración y su intención, llega más lejos que la del que no cree en nada.

No develes secretos que nadie necesita saber.

Los misterios y los secretos de la existencia ocupan a muchos descifrándolos, yo me ocupo nomás de agradecerla y disfrutarla. Si escarbas y escarbas hasta ver la raíz, el árbol puede morir.

Algunos pelearán, otros serán injustos, no hay raza ni era que no tenga malos y buenos y no se distinguirán por su apariencia nada más.

Cuida de no hacerte imágenes y prototipos que te engañaran, mejor aprende a leer los ojos, los gestos, la energía del ser humano no miente. Que la flor sonría si la tocas, que la hierba no se seque por donde pases.

Si logras robar una carcajada impensada a alguien, habrás derribado muchos muros.
En donde quiera que estés habrá un amanecer, en cualquier parte del mundo en este justo minuto el sol brilla con toda intensidad y hay una primavera rompiendo una flor.

Mira a los ojos, estrecha las manos, pon esperanza y convicción en tus palabras, abraza sin miedo, besa con sinceridad, de eso se alimentan los que nos rodean.

No eres la mitad de nadie, eres un ser entero completo, así te darás, si solo das la mitad, solo la mitad recibirás.

Baila hasta que te canses, canta hasta que te quedes sin voz, ama sin miedos, eres un ser hecho de luces préndelas todas, alumbra el universo con tu plenitud, no esperes que el mundo te ilumine a ti, sino tú a él.

La noche se vuelve lo más negra y callada para que los suspiros de los enamorados se escuchen y puedan leer los mensajes que se dejan en la luna.

Limpio el polvo con mucho amor, quien sabe si el viento me trajo en él un visitante de otros tiempos, de otras galaxias, le dedico al menos una reflexión, flor de mi pensamiento, no quiero que se vaya sin saber que lo he visto, que lo he escuchado.

Deja que te miren, encontrarás tu luz en otros ojos. Escucha, encontrarás tus verdades en otros labios.

Permite que te abracen, conocerás la fuerza de tus brazos y quien acelere tu corazón.

Siempre mantén tus brazos abiertos, tu sonrisa libre, ofrece tu mano, con fuerza a aquellos a quienes amas para que conozcas la fuerza de tu sentir su corazón, con todas tus fuerzas a quien amas, hasta que sientas su corazón

¿Qué buscas en el mundo? Eso mismo buscan los demás.

Ningún secreto está protegido por Dios alguno, aquel que quiera llegar a la verdad de la vida, tendrá que vencer al dragón que es uno mismo.

El llanto por el verdadero amor es diferente de todos los demás, llorarás por el dolor del que amas pero no porque él te hará llorar.

Los seres notables siempre dejan huellas, los humildes, los felices, los amados, los sabios, siempre van dejando rastro y son seguidos, nunca están solos.

Ellos no se quejan de que el mundo es amargo, ni que la gente es injusta, no ignoran la maldad; pero la logran eclipsar con su bondad, con su sonrisa, con esa esperanza inmortal de que la humanidad sanará sus heridas.

CITA CON LA ETERNIDAD...

Detuvo mi prisa un músico de banqueta, le cantaba a las cosas bellas, las del alma, que él capta en su ceguera.

Entonces llegaste tú y le dejaste unas monedas. Al tiempo que te erguías, tu mirada empezó a viajar a tu alrededor y se volvió sonrisa en la mía.

Las citas con la eternidad las concierta, Dios, para un día cualquiera.

LEVANTA EL POLVO DE TU TIEMPO

*L*as personas a las que adopta la historia y las vuelve personajes son aquellas que no se amoldan a su época ni a sus límites, son mentes demasiado grandes para caber en las imposiciones o para seguir ejemplos, ellos mismos se vuelven ejemplos.

Levanta el polvo de tu tiempo: ábreles la boca a los callados, ciérraselas a los que hablan de ti, sé rebelde activo. La historia no reconoce a los pasivos, sino a quien alza la voz y actúa, sin miedo a ser juzgado.

7 31 13

SUAVE Y ANÓNIMA MANERA

Creo en los amores a primera vista, porque sé que existen toda la clase de amores; pero considero más peligrosos, esos que no llegan con tormentas, luces y cascabeles amarrados al alma, sino esos, los silenciosos, los que nunca te imaginarias que te partirían la vida en dos, que si al momento de entrar por la puerta de tu existencia alguien te hubiera dicho que por esa persona, de amor, llegarías a morir, seguro te echarías a reir; pero es así. Los amores tormentosos tiene una suave y anónima manera de irrumpir en los calabozos ignorados de tu ser, a liberar emociones y mostrarte que nadie es del todo, dueño de sí.

8/24/13

NO ES PESIMISMO, ES PRECAUCIÓN

*A*ntes de iniciar algo, visualiza los posibles efectos y consecuencias, no para que dejes de hacerlo, sino para que estés preparado también con las soluciones y salidas en caso que las cosas no salgan del modo anhelado.

La sensación de éxito y triunfo imaginarios embriaga tanto, que, a veces, se nos olvida poner una red protectora que nos aguarde en caso de que caigamos en el lado contrario. No, no es pesimismo, es precaución.

EL VENENO DE LA LENGUA

¿Alguna vez te ha sucedido que te ha dado por soltar la lengua hablando mal de alguien y de pronto lo ves aparecer y quisiera tragarte tus palabras?

La duda te come la conciencia porque no te reclama; pero tú sientes que diferente te mira.

Repasas lo dicho una y otra vez, revives la escena deseando no haber hablado. En ese momento entiendes que es tan poco lo que importa lo que no te gusta, en comparación a lo que no quisieras perder de esa persona.

Para la siguiente vez que te sientas seducido por el veneno de la lengua, detente un segundo y piensa qué le dirías a esa persona si al terminar el discurso venenoso aparece frente a ti y te pide una explicación o simplemente te mira triste y para siempre sale de tu vida.

LA VELOCIDAD DEL PENSAMIENTO

Digamos las cosas como las digamos siempre habrá alguien que entienda algo muy diferente. En las palabras como en las nubes, cada quien ve una forma distinta.

¿Será el aire quien tiene la culpa? Para cuando uno voltea al cielo, ya le arrancó la trompa al elefante.

Igual es la velocidad del pensamiento entre el que expresa y el que interpreta.

TODOS LOS POETAS

Todos los Poetas nos nutrimos de todos los Poetas, de los que escriben y de los que no, de los famosos, y de los que, ni siquiera saben que lo son.

Nos repetimos, nos emulamos, nos definimos con las palabras de otros, y otros con las nuestras.

Cada quien lo dice a su modo, con su tinta y su caligrafía; pero es igual de un siglo a otro, como no importa la religión sino creer en el bien y en Dios.

Como no importa el tamaño del renglón sino la bondad y la caricia que dejo en tu corazón.

UNA REAL TRIUNFADORA

La única meta verdaderamente importante en la vida de una mujer es su propia felicidad, no importa cómo la consiga.

Si tú eres feliz en casa, con todo lo que ello conlleva, o trabajando fuera, ya seas presidenta, embajadora, doctora; soltera, casada, divorciada, si estás contenta contigo misma: Eres una real triunfadora.

(En uno de esos días internacionales de la mujer)

LA SINCERA MALA ORTOGRAFÍA

*L*a verdad no me interesa la sincera mala ortografía, no todo el mundo tuvo la oportunidad de asistir a una universidad, ni su pasatiempo favorito es leer; dejemos al mundo que se exprese, tal cual es su sentir.

*M*i madre solía levantarse de madrugada a contestar las cartas de mis hermanos que radicaban en California, apenas la sentía yo, me levantaba también a prepararme un café, un día me dijo mientras volteaba el pliego de papel en que escribía: -Ya por todo este lado usé la b grande, ahora voy a usar la v chica.

Yo solté la risa, caray, cada quien tiene sus técnicas para escribir.

Y estoy segura que mis hermanos entendían perfectamente lo que ella les quería decir y nunca cuestionaron, su ortografía.

EL PODER DE LA CRÍTICA

El poder de la crítica es inmenso, tanto para bien como para mal.

Hay que cerrar los oídos del corazón a ellas si son negativas, permitir solo el efecto positivo necesario: revertirlas en impulso, y déjalas ir.

Que no te arranquen ni una sola lágrima, ni una sola respuesta mal dada para vengar tu espíritu herido.

Que pasen por encima, que se disuelvan en el aire, como el humo, que por más negro y denso que sea, siempre termina por desaparecer en la inmensidad.

NO TE ENREDES

Jamás se te ocurra bajar tu autoestima o creer que no mereces tal o cual cosa, o que alguien es superior a ti.

Retírate de quien no celebre tus ideas, no te apoye, no te haga sentir especial o no festeje contigo tus triunfos, por mínimos que sean.

Ser amada es ser única, es ser bella, si así no lo parecieras a quien dice amarte y palabras diferentes de su boca surgieran, no te enredes en tus dudas, ni tu necesidad de afecto te engañe: El amor jamás subestima ni ofende.

11 17 13

ROMPIENDO CÍRCULOS

El donde, y las circunstancias, en medio de las cuales nacemos, así como la forma en que nos educan mientras niños, es totalmente ajeno a uno.

Cuando empiezas a caminar por la vida, te das cuenta que mucho de lo inculcado, te detiene más de lo que te impulsa y descubres que otras tantas cosas que te enseñaron son inútiles: te limitan más que te ayudan.

Para sacudirlas de tu cerebro, de tu corazón, necesitas hacer un esfuerzo muy grande.

Hay que enfrentar cierto sentimiento de culpa, por deshacerte de lo inculcado, piensas que de alguna manera estás irrespetando a tus mayores, pero, en realidad, tampoco es de ellos, hay creencias heredadas de generaciones en generaciones, círculos viciados que esperan al valiente que los venga a romper.

ACEPTACIÓN: PALABRA MÁGICA

Yo no puedo pedirle a una persona que cambie lo que no me gusta a mí de ella, porque pueda que, precisamente eso que a mí no me gusta, sea su punto de conexión con otro ser que le ame profundamente, por lo tanto le estaría robando un afecto, un cariño.

Nadie puede remplazar todos los afectos, cada quien tiene su lugar, cada amigo tiene su función y su necesidad dentro de la vida mía y de la de los demás.

Aceptación es la palabra mágica entre dos seres humanos, sea cual fuere su relación.

LOS CONSEJOS Y LOS RUEGOS

Los consejos y los ruegos sirven exactamente para lo mismo: para nada. Pero, roban tiempo con la persona amada y eso, eso sí que vale.

El que da el consejo, ama al que cree que lo necesita, aunque no se sigan, y muchas veces ni pueden ser efectivos, porque la mayor parte de la historia siempre se guarda, solo nos cuentan lo contable, solo vemos la punta del iceberg, la verdadera grandeza se oculta bajo el agua.

Por eso, pocas veces puedes dar un consejo que valga. Pero, lo verdaderamente importante es la presencia, el tiempo que pasaste junto a la persona que te medio confiesa su problema o su pena, porque así le dejas ver tu preocupación, tu deseo de que pronto se restablezca la benigna cotidianeidad de la vida.

El que ruega, hace uso de todos sus mejores argumentos de por qué su amor es conveniente para quedarse con él, pero quien no te ama, te escucha ofreciendo tu amor, como escucha un esquimal al que le trata de vender hielo: No lo necesita y la respuesta siempre será la misma. Eres un gran ser humano y te quiero mucho; pero...

La amabilidad, la educación, la cortesía obliga a no ser rudo y por no considerarnos a nosotros mismos ingratos, es que no damos de una vez el jalón a la cuerda para que se cierre el nudo y no pase más el aire a los pulmones de una esperanza, que, si bien tiene todo el derecho del mundo a morir al último, de todos modos, su final nunca será otro. Pero cada quien alarga su agonía como quiere, hasta en eso somos libres.

Pensando que luchamos por lo que queremos, en realidad, estamos luchando por quien no nos quiere y solo nos mira con cara de fastidio.

El que ama, tiene un poder de autoengaño, fabuloso, y pasar tiempo con el amado, es ya su triunfo. Los límites y los confines en el amor no son territorio conquistado por el ser humano.

El amor es su mejor invento y nadie ha osado desinventarlo.

Así como ciertas comidas a nosotros nos parecen deliciosas mientras que a otros les repugnan, por el hecho simple de que su estómago no las puede procesar, digerir, y protesta y las rechaza.

Así mismo son las simples reacciones químicas de nuestro organismo.

Igual pasa con ciertas personas, algunas nos parecen encantadoras, algo empieza a funcionar en nuestro cerebro y en nuestro cuerpo que no pedimos desencadenar, simplemente, se soltó por su propia cuenta, como fuerza natural, y ese dulce correr de energía por nuestras venas, esa adrenalina, (el más sabroso aderezo de la vida) nos hace esclavos, más que de la persona, de la sensación de placer, de plenitud, del qué importante y especial soy cuando estoy en su cercanía.

CAMPOS DE VERANO PARA EL ALMA

Hay personas que son libros andantes, que huelen a tinta y a poesía, están hechos de pedacitos de personajes, un verso de aquí y otro de allá, te comprenden siempre, y si dejas de hablar ellos ponen la palabra que tú no encuentras y cabe perfectamente.

Nada les sorprende y sin embargo, los conmueven esas pequeñas grandes tonterías. Serían capaces de detener un viaje, de tiempo medido, para cortar una flor silvestre o tomarle al cielo una fotografía.

Suelen amar a ojos cerrados, se fían de su olfato con la gente, y no tienen límite de cuánto ni de cuántos los pueden desilusionar, ellos siempre siguen adelante. Siempre hay alguien esperando por un ratito de su tiempo.

Te dan cita en un puente mientras tiran piedritas al rio, sus regalos no son lo que esperas; pero suelen heredarse de familia en familia.

Hay personas que son, en sí, el mejor regalo. Son como un manual para armar una sonrisa, son campos de verano para el alma, benditos esos seres que no te complican, sino que te descomplican la vida.

7 13 13

EL AMOR DUELE...

El amor duele, sí, aunque ya sé que no debe doler. Pero, dicha siempre tampoco puede ser. Que si duele no es amor. Es amor. ¿Por qué no lo ha de ser?

Si digo que el amor duele, no quiere decir que ame a quien me haga daño o a quien a propósito me lastime y yo lo acepte. Que hay casos, cada quien ama a su manera.

El amor es dolor cuando amas con todo tu corazón y no tienes a la persona que amas a tu lado, no porque te abandone, no porque te traicione, simplemente porque la ausencia de lo amado duele. Extrañar duele. Necesitar duele.

Ver sufrir a quien amas, duele; sufre por ti quien te ama si algo te pasa, porque la vida no es perfecta, tiene su sal y a veces amarga hasta al más bendito de los placeres.

Hay tratados de cómo no dependas de nadie y que el desapego y que no sé qué tantas patrañas en las que, simplemente, no creo.

Cuando amas necesitas, quieres estar junto a la persona amada, compartir cada segundo, saber todo de ese ser.

Creo que es la razón más auténtica de porqué la gente se casa, o deciden vivir juntas, para no perderse ningún detalle del ser que te enseñó partes de ti que no conocías.

Para sentir esos orgasmos de dicha, emocionales, físicos y sexuales, para sentir viva toda nuestra naturaleza, nuestra química, en todo momento, por eso anhelamos tanto la cercanía de ese ser. Por eso decimos que es nuestra otra mitad, porque antes de esa llegada milagrosa, no la mitad, quizá mucho más de nosotros dormía.

De ahí que hablemos de amores eternos. ¿Quién no va a querer perpetuar la dicha de sentirse pleno?

La felicidad duele, sorprende; contesta interrogantes y abre tantas nuevas, nadie sabe nada del amor, hasta que no lo siente.

Nadie nacimos para sufrir, eso es cierto; como también cierto es, que no se puede ser feliz todo el tiempo.

Pero no le hables de equilibrio al enamorado, aun el más sensato, culto, centrado, dueño de sí, lo vas a ver de cabeza tras de lo que ama y que no se lastime ni baje la frente si a rogar llega, que es totalmente válido, eso sí, que no se le haga costumbre, una o dos veces es suficiente para derrumbar las murallas del orgullo, y para que la vida no te cobre después el no haber hablado.

Pero si nada consigues, levanta la cara, llora lo necesario, tómate tus tequilas, canta tus canciones más dolidas y busca al amigo más comprensivo: lo vas a necesitar.

El dolor en el amor es perfectamente lícito cuando es dolor compartido.

Feb 22/14
Baldwin Park, Ca., US

SI AMARA A MEDIAS...

Si amara a medias por miedo a la desilusión, la que pierde la mitad de la emoción, soy yo.

Si desconfiara de todo y de todos por miedo a la traición; todos y todo tendrían razón a no darme lo mejor de sí pues tampoco lo estoy dando yo.

Si fuera por la vida sin esperar nada para no sentirme defraudada, la vida tendría todo el derecho a no darme nada porque nada estoy dando yo.

Por eso, amo con todo, confío en todos hasta que me prueben lo contrario, no antes, y vivo a plenitud, si hay un exceso que vale la pena cometer es de intentos por ser feliz.

MIS JÓVENES AMIGOS...

Mis jóvenes amigos, amen la vida, enamórense cuantas veces puedan, no eviten nunca el amor ni sentencien al corazón por una decepción.

Hagan amigos para toda la vida, aprendan a perdonar a tiempo, no pierdan a un gran amigo por un pequeño error. Nadie es perfecto, ni tú, sé exigente contigo y los demás, pero, aprende a adaptarte y a aceptar las diferencias.

No busques dobles ni espejos sino a quien te ayude a salir bien librado de tus carencias.

Resiste donde no te quede de otra y muévete pronto de donde si puedas hacerlo, no te acostumbres nunca a lo que no te haga feliz.

Cuídate, hazte invisible del que tenga poder sobre ti y no piense como tú.

No externes lo que piensas ante cualquiera, y si lo haces, siempre di exactamente por lo que tu corazón moriría con gusto.

Cae en las tentaciones; pero nunca en las adicciones. La vida es demasiado bella para que te la pierdas.

Lo que construyas, hagas o digas en la juventud, serán los recuerdos que te lloverán en la memoria por siempre, será el escenario que habrá de salvarse intacto de la guerra del tiempo, procura pues estar orgulloso y feliz contigo mismo.

Baldwin Park, CA. Abril 4/14

ADORNOS HUMANOS

Hay personas preciosas, de cuerpos fascinantes, de antojo. Dan ganas de tocar su pelo, mirarse en sus ojos, llenarse los pulmones de su aroma; saber a qué saben: probarlas.

Pero, ya que platicas con ellas te das cuenta que no hay nada que sustente dentro de sí a su estructura externa.

Fueron hechas no para amores eternos, sino pasajeros, para vivir en recuerdos, no en la casa con uno, para una etapa; no toda la vida...

Pasatiempos, lujos: Adornos humanos.

LOS RIESGOS DE COMPARTIR MUCHO TIEMPO JUNTOS...

En algún momento de la vida, involuntariamente, voy a fallarte. Diré la desafortunada palabra que nunca esperaste escuchar y tomaré la acción equivocada.

Sin que yo me entere quizá, derrumbaré algún castillo interno tuyo y tambalearé tus sentimientos por mí.

Voy a sorprenderte, no porque yo ese día sea otra diferente, quizá solo sea que ese día, estás más sensible de lo corriente o yo más susceptible de lo ordinario y la piel descarnada del alma no solo es fácil herirla sino hasta matarla.

TU FINA CARTA

He recibido tu carta, donde me dices que te vas, que no soy yo, que si la vida, que si el amor; te allano el camino, mi vida: Vivimos lo que podíamos vivir.

Gracias de todos modos por el tiempo, por la tinta y el papel, por la buena intención: al corazón se le mata igual con la más fina educación.

AMAR ODIANDO

Se odia con la misma intensidad que se ha amado, un asunto de amor inacabado tiene demasiados besos pendientes en los labios, urgencia de deseo acumulado, insaciado.

Hay odios que esconden pasiones que traspasan y queman todo lo vivido y recordado.

No te deseo un encuentro con todas las condiciones para una escena de amor con esos amantes con quien has vivido una pasión inconclusa, porque amar odiando es un asunto en el que va de por medio una adrenalina tan fuerte que no te salva del deseo de vivirla ni el pobre orgullo ni todos los dulces consejos reciclados en el aprendizaje de la vida.

CORAZÓN ROTO Y RESANADO

Se me antojan unos labios que hayan sangrado a besos una pasión. Me interesan las miradas limpias de unos ojos después de mucho llanto derramado por amor.

Fácilmente puedo enamorarme de un corazón que haya sido previamente roto y resanado.

No me sentiría cómoda con alguien que no haya experimentado y superado un buen número de decepciones, amarguras y soledades, porque de ellas nacen los espíritus fuertes y las mentes maduras.

Dejo las almas vírgenes, para otras almas vírgenes, y me retiro, porque no quiero contaminarlas con consejos, cada quien tiene derecho a sus propios errores...

¿QUÉ ES POESÍA?

Esa frase que escuchaste en una película y se fue contigo a pasear por la vida.

Ese par de líneas con que tropezaste en un libro y detuviste tu lectura silenciosa para repetírtelas en voz alta, subrayarlas o escribirlas en alguna nota, en algún cuaderno, porque hay ciertas verdades tan grandes que no hay que confiárselas a la memoria...

Esas cuantas palabras que dijo tu amigo, o algún conocido y a ti te pareció que es justo el lema de tu vida, la explicación o la respuesta largamente buscada.

Esa mirada que sentiste y buscaste entre un mar de gente sin saber muy bien porqué...

Ese paisaje, esa persona, esa canción, esa voz, ese sentimiento que saca al corazón de su rutinario latir. El lado bonito de la vida, el perdón, la brillantez del alma después que le ha llovido...

Cazador de belleza, de profundidad, de significado: tú, eres poesía.

LA OTRA DIMENSIÓN DEL AMOR

Déjame de querer a ratos, a tardes, a días enteros, pero vuélveme a querer cuando te des cuentas que no importa a dónde te lleven tus pasos, pasados los enojos o los dulces placeres que de mi amor te alejen, solo queda una cosa clara en tu corazón, y es este amor, paciente y puro que mi alma te ofrece, sin reclamos.

Déjame de querer cuando te haga falta tu tiempo y tu pensamiento para otro quehacer, yo lo sabré entender, cuando acabes tu labor, tu proyecto, cuando veas tu sueño realizado, te acordarás de mí y me lo vendrás a ofrecer; porque te darás cuenta que nadie, como yo, te sabrá honrar y enaltecer, porque aquello que a otros quizá insignificante les habrá de parecer, para mí, serás por ello, un genio, un rey.

Déjame de querer cuando necesites oír otras palabras, otros modos de querer, cuando necesites capturar la atención de alguien más, cuando requieras probar tus dones, cuando precises ver si tu palabra y tu sonrisa siguen siendo un arma fiel de seducción.

Ve, déjame de querer un poquito, o un mucho, o un todo, o un para siempre, yo lo sabré comprender, y te veré volver a contarme cada cosa que tú sientes, cada nueva emoción que te despierten, porque yo soy como tu diario, porque mi corazón y mis oídos son en donde tú vas dejando la vida. Porque yo soy, de tu lenguaje, el perfecto traductor. Yo no pregunto nunca, ¿qué quisiste decir? Lo sé y lo sabes. Yo te sé querer hasta sin besos en los labios, sin promesas y sin contar los tiempos en relojes ni en calendarios.

Déjame de querer lo que te sea necesario para crecer, para que no estanques, en ninguna forma, tu ser siempre ansioso de volar. Yo no necesito sentirme atada a ti como un grillete en tu pie, ni como un tatuaje en tu piel para saber que voy contigo, que miro por tus ojos cualquier paisaje donde tu alma pose su atención, que desembarco en cualquier puerto a donde llegues, que es mi abrazo el que esperas al bajar de cualquier cielo. Pertenecer a alguien ni siquiera es cosa de decirlo y tú me perteneces más de lo que tú mismo sabes.

Baldwin Park, CA. A la mitad del mes de marzo, 2015

DÍA DE SAN JOSÉ EN LOS MORALES

Hoy despertó muy temprano mi pueblo, las campanas repican, la alegría de su corazón de bronce corre por todos los callejones, a los lejos las almas se santiguan, es el día de San José en Los Morales.

Entre los cipreses, los truenos y los bambúes empiezan a jugar los rayos del sol, hace frío; pero ante su altar, de rodillas la fe, y el corazón de pie mientras el tamborazo y los mariachis cantan las mañanitas.

Hoy no está solo mi pueblo, hoy todos los que ahí han nacido han vuelto a sus hogares, emigrantes y almas desde el cielo, recorren sus caminos, y saludan a sus vecinos, a sus amigos; hoy las familias están completas.

También en el cielo conceden un día para volver a la tierra y los habitantes de Los Morales han escogido el 19 de marzo. Los que solo ven con los ojos no los verán; pero ellos están ahí, como estoy yo y tantos otros, con la fuerza que regala la fe y el amor a la tierra.

Hay quien dice: qué pueblo tan solo; qué pueblo tan grande, digo yo, ellos no ven lo que veo yo. Allá va, por el callejón, Don Manuel Huizar en su burro, Doña Pepa Galván ya llegó de Aguascalientes, con los estrenos pa' la fiesta y en el altar lucen los más blancos azahares en el arco que a San José, ella confeccionó. Don Lencho y Doña Teresa han ido a Jerez, seguro llevaron la valija y vendrá repleta de cartas, de dólares y de besos, son tantos los ausentes amores que escriben.

Pancha grande y Juan Chico, Don Ignacio Fernández en Los Morales de abajo, Doña Abigail y su hijo Armando, qué temprano han llegado. Los Martínez vuelven desde Jerez, el puente ya van cruzando. Los Miranda, Los Pérez, Los Carrillo, Los Huizar, Los Serrano, cuántas familias que van llevando su apellido por el mundo. Julián Carrillo, Manuel Carrillo, José Huizar, profesores, presidentes, ingenieros, políticos, cuánta alma grande ahí ha nacido.

Allá llega Cheo, acompañando a su Melos , a su hija y sus nietas. Siempre serás un alma blanca, personaje, muy querido en nuestro pueblo. Tu sangre y tu nombre siguen vivos.

Don Manuel Pérez hace reir a los presentes, su humor sigue siendo el mismo.

Don Jesús Miranda ha pedido al tamborazo el "Albur de amor" y "El muchacho alegre", los escucha callado y serio, sonríe sereno bajo su sobrero.

En Los Morales de en medio la algarabía es la misma, hoy María Carrillo llevará más tarde los quesos.

Dice el Padre que esta misa de mañanitas es ofrecida por Rosalba Miranda, al mediodía por Ma. De Jesús.

Será largo el día, los puestos de tacos, de tortas, empiezan a formarse, los paleteros llegan, las naranjas con chile, las semillas...

Ojalá nos visite mucha gente del Cargadero, de San Juan y Jomulquillo, mis tías y tíos del Porvenir... Repica las campanas otra vez, Jaime, que se oigan muy, muy lejos...

Qué día más grande vive y recuerda mi corazón de niña, como cuando hice mi primera comunión, acompañada de mi madrina Hermelinda.

Los cuetes rompen los más íntimos recuerdos, en todo el mundo se celebra hoy al Sr. José, habrá honores muy grandes; pero ninguno más sincero que el que se le tributa en el pueblo más pequeño de la tierra: LOS MORALES

19 de marzo 2014

UN ADIOS SIN ADIOS

Nunca me digas adios, vete cuando juzgues prudente hacerlo, pero que no quede esa palabra en medio de los dos.

Me quedo con el saludo que dio principio a todo y con las tantas otras palabras que me ayudaron a construir una fortaleza en mi corazón.

Es tan fuerte que estoy segura ni tormenta ni huracán alguno podrán derribarla; pero si me dices adios, se la habrá de tragar la tierra hasta hacerla desaparecer, y me comerá a mí dentro de ella.

No me digas adios, si lo haces, pensaré que tienes la secreta esperanza de que te pida que te quedes y no hay razón para detenerte.

PAZ...

Creo que lo más grande que se puede conseguir en la vida es paz. Para mí, el sinónimo más acertado de felicidad es esa palabra, paz.

Conseguir que mi pensamiento sea mío, me pertenezca, que yo lo gobierne y que no se vaya sin mi permiso para donde yo no quiero que vaya, particularmente que no visite regiones de dolor y eventos tristes.

Si lo logro, entonces tengo paz y es a lo que ambiciono en la vida, la máxima riqueza: paz.

isabelmrobles@gmail.com

Baldwin Park, California, USA
Noviembre 19 2013

ÍNDICE POR ÓRDEN ALFABÉTICO

www.ingramcontent.com/pod-product-compliance
Lightning Source LLC
LaVergne TN
LVHW101939220826
846093LV00006B/53

9781493604210